THE FEELING ECONOMY

How Artificial Intelligence Is Creating the Era of Empathy

情感經濟

當思考交給AI
情感就留給人類吧！

羅蘭·T·拉斯特、黃明蕙——著
張毅瑄——譯

貓頭鷹

獻給我可愛的瑪爾濟斯狗狗，Joy，Swcctic，Leo，Lisa，Buddy（又名 Baddy 或 Little），Minnie，Mei-Mei，以及仍然活在記憶中的你們。感謝你們的愛與豐沛的情感智慧。

——明蕙

獻給我九十一歲的母親（我答應她把這本書寫得老少咸宜），我完美的妻子，以及其他每一位既強大又能與人共情，在接下來人工智慧時代領導我們的女性。（此外，本人揣摩老婆大人心意，另將本書獻給我家狗兒們。）

——羅蘭

引言

人工智慧（AI）正將我們的世界改頭換面，但我們卻尚不完全理解其中道理，因為我們有個（錯誤的）刻板印象是「所有的人工智慧都是『思考智慧』」。如果我們了解到「智慧」分為很多層級，且對人工智慧的難度各有不同，因而導致人工智慧有一個先後發展順序；那麼，我們就能明白人工智慧與人類智慧之間的平衡會怎樣變化。直至目前，人工智慧所做到的只是滿漢全席裡一點小菜。隨著人工智慧不斷進步，一切都會被改變；要知道，它已經在帶動世界變化，且這個變化方式是可預測、可測量的。思考人工智慧的進階將帶領我們踏入「情感經濟」，屆時由人工智慧負責絕大部分思考工作，而人類就得搶著去做那些人類剩下比較擅長的事，也就是涉及情感智慧與人際關係的事。如此，包括教育體系在內，一切都要天翻地覆。我們寫作這本書的目的，就是幫助大家理解這些改變。

本書寫作之時，我們正處於新冠肺炎疫情中。公共衛生專家提出警告，說由於人類對原始自然的侵奪、全球旅行興盛，以及大城市內人口稠密使病毒易於傳播，導致這類疫情未來或許會更頻繁出現。因此，人們很可能出於健康與個人因素而提高對人工智慧的使用，意即人工智慧的發展與全球疫情可能讓情感經濟更快到來。我們比過去更需要共情能力來互助度過困境，也更需要與他人共情。當前的健康危機只更強化我們的預測：人工智慧正在創造一個共情時代，由此即將來臨的就是情感經濟。

美國，大學公園市羅蘭・T・拉斯特

台灣，台北黃明蕙

二〇二〇年六月

致謝

對於人工智慧的發展及其涵義，我們思路的發展受到很多同僚與合作者協助，在此我們要表達感激之情。我們無法列出每一個人，但我們特別要向幾名共同作者致謝，他們的作品在本書中占有重要地位。財經教授馬克斯・馬克西莫維奇是我們在《加州管理評論》人工智慧特輯那篇〈情感經濟〉文章的共同作者，他從一開始就相信我們提出的「情感經濟」必將成真，並以實徵證據幫我們證明此事。同為人工智慧研究者的麥可・海恩萊是我們同僚，當其他許多編輯者與學者依舊堅信「思考經濟」會永遠存在，他卻支持我們「情感經濟」的說法。曾德祥與米歇爾・韋德是拉斯特那本關於「適性化系統」作品的共同作者，這本著作激發我們去想一個問題：思考人工智慧如何促進個人化，於是奠下「關係化」的基礎；而「關係化」正是人們在情感經濟中尋求的最大利益。羅蘭的前博士生卡琳達・烏干瓦刺激我們去思考基於人工智慧所造成的歧視之代價。我們要感謝湯姆・布朗與麥克・布拉迪，他們的「組織前線研究論壇」讓黃明蕙感受到情感人工智慧的重要。吉姆・史波爾的寬廣眼界、技能知識與現實精神影響我們用更開闊的觀點去看人工智慧對社會與經濟的影響。我們還要感謝托爾・

安德烈森與查爾斯・柯比，他們的努力成果讓我們的研究得以更進一步。我們不可能鉅細靡遺向所有人分別道謝，但我們還是要向本書中提到的各個著作作者表達謝忱。感謝詹米森・謝佛、塔希洛・馮波冷哈爾巴，以及普拉納夫・迪歐協助進行背景研究。感謝所有參與新加坡「服務業新疆域研討會」、聖地牙哥「美國行銷學會冬季年會」、費城「人工智慧、機械學習與商業分析研討會」、西班牙薩拉戈薩「人工智慧與服務機器人互動研討會」，以及紐約市「行銷理論與實務研討會」的人，你們發表的意見都對我們有所助益。在此還要感謝我們在馬里蘭大學與國立台灣大學的學生，他們的洞察力與討論內容是刺激我們思考的妙方。我們還要特別感謝帕爾格雷夫出版社的馬庫斯・巴倫傑，是他鼓勵我們寫作這本書。感謝台灣國家科學及技術委員會贊助我們（補助項106-2410-H-002-056-MY3和107-2410-H-002-115-MY3）。我們知道，這裡一定遺漏了很多值得感謝的人，為此我們深表歉意，並要向他們表達同等謝意。

圖表

二〇二五年版作者序

撰寫本書的初衷，始於我在二〇一八年於《服務研究期刊》發表的論文〈服務用人工智慧〉。該文自問世以來，廣受關注，至今引用次數已逾四千。在文中，我提出原創的「多重人工智慧」概念，主張「人工」智慧發展，旨在模擬「人類」智慧，而人類智慧涵蓋機械、認知與情感等多重面向。因此，人工智慧不應僅著眼於算力的提升，更應聚焦於不同智慧領域的應用。

基於此概念，我於二〇二一年在《加州管理評論》期刊發表了〈情感經濟：下一個人工智慧時代的管理學〉一文，正式提出「情感經濟」概念，指出當人工智慧在資料處理、分析與認知等理性層面表現卓越時，人類應將重心轉向情感、溝通與互動等感性領域。

自二〇二一年《情感經濟：人工智慧如何開創同理心時代》首次出版以來，全球經濟與科技發展已印證我們當初提出的核心主張：隨著人工智慧愈來愈擅長思考型任務，人類在經濟與社會中的獨特價值，將來自我們的「情感能力」：同理心、情感理解、關係建立與人性觸動。

當年我們提出「情感經濟」概念時，在當時是極具前瞻性的觀點；而今，這一概念不僅在學術界與產業界引起廣泛迴響，更已成為許多組織重新定位人才與價值的依據。當人工智慧接手邏輯與分析工作之後，我們已見證眾多職位的轉型——客服人員不再只是回答問題，而是致力於建立顧客信任；領導者不只是管理流程，而是成為情感引領者，凝聚人心、激發共鳴。

過去四年間，人工智慧技術的進展令人驚嘆，特別是生成式人工智慧（Generative AI, GenAI）的出現，讓人工智慧不再只是資料的分析者，更成為內容的創作者。這項突破不僅提前驗證我們的多重人工智慧理論，也促使我們重新思考創造力與情感表達的界線。在人工智慧能展現同理心的互動場景中，情感經濟的本質是否因此改變？我們於二〇二四年在《行銷期刊》（*Journal of Marketing*）發表〈關心機器：消費者照護的情感人工智慧〉（The Caring Machine: Feeling AI for Customer Care）一文中指出，具有情感能力的 AI 不僅不再讓人類專美於前，更可積極參與情感經濟的實踐。在這樣的時代，情感經濟的重要性非但未被削弱，反而更加凸顯，因為科技和人類都需朝向更具人性與關懷的方向發展。

讓我欣慰的是，愈來愈多企業已將「同理心」與「情感智慧」納入核心人才培育項目。在亞洲、歐洲與北美等地，我們的研究已廣泛應用於醫療、教育、零售、金融與政府服務等領域，幫助組織打造更能與人連結的深度體驗。這再度證明，未來的競爭優勢來自科技能力和情感能力的整合。這本書也於今年入圍美國行銷學會基金會 Leonard L. Berry 行銷書籍獎，獎勵本書對行銷、消費者和企業的社會貢獻。

在二〇二五年的今天，我深深感受到這本書比當初出版時更具時代意義。它不僅是對人工智慧衝擊下人類角色的深刻反思，也是一項指引——我們應該如何透過教育、制度與文化的設計，將情感能力培養為新時代的關鍵素養？又該如何在高度科技化的社會中，發展出具溫度的人工智慧，實現人機共存共榮的未來？本次繁體中文版中特別新增一章，探討生成式人工智慧對情感經濟的衝擊與啟示。

我由衷感謝過去幾年與我們一起研究、討論與實踐「情感經濟」理念的學者、學生和企業夥伴。尤其感謝來自不同文化背景的讀者，你們的回饋與實踐案例，讓這個理論從一個學術構想，逐漸發展為全球性的人工智慧發展觀點和設計框架。

最後，我想留下一個思考：未來的世界，是人工智慧與人類共生的世界。真正的挑戰不在於人工智慧能做什麼，或人類是否會被取代，而在於我們是否能更深刻地理解自己，更善用人工智慧，展現出人類社會最需要的感受力與同理心。唯有真正「感受」他人，我們才能共同創造出一個充滿意義與情感的世界。

黃明蕙

二〇二五年，於國立台灣大學

目　次

導論

人工智慧（AI）已經不是科幻小說，它充斥我們日常生活，改變我們搜尋與使用資訊的方式，並接手我們原有的許多工作。只要我們使用谷歌搜尋引擎，或是向亞馬遜 Alexa 發問，我們就與人工智慧發生互動。我們怎樣生活、怎樣工作，都被人工智慧大幅改變。令人意外的是，當人工智慧愈來愈能思考，人類智慧卻變得日益崇尚情感與人際關係、愈來愈不強調思考；其結果就是造成「情感經濟」，而人工智慧與人類智慧在其中緊密合作——人工智慧負責更多思考工作，人類智慧則重視情感。

人工智慧的發展階段

若要了解事情為何如此演變，我們必須考量人工智慧的發展順序。粗略來說，人工智慧的智慧可分三種層級——機械、思考、情感。機械人工智慧是指機械性或重複性的工作，可被機械化、標準化。現代化汽車製造工廠是機器人的天下，這都是機械人工智慧。機械人工智慧是最「簡單」的人工智慧智慧層級；不少分析者仍誤以為人工智慧的發展潛力僅限於執行重複性工作。

人工智慧大舉進入人類世界之前，我們是處在「實體經濟」，其中大多數人都進行體力勞動工作。這種經濟型態在十九世紀大多數時候都是主流。工業革命將原始人工智慧帶進工作場所，開啟人工智慧與人類智慧之間不那麼甜蜜的關係。然而，當人工智慧開始擔任更多機械性職務，原本任職的人類就被替換掉。工廠與農場的工人、礦工、以及其他藍領階級勞力者發現他們的技能被淘汰。機械人工智慧帶來「思考經濟」，讓消費者與勞工都更重視思考性的工作，執行較少的體力勞動。

「思考經濟」是我們當前時代（約二〇二〇年前後）的主要特質，其中最大宗的工作是思考性工作，而教育的目的也被預設成教導人們如何有效思考。與此同時，以思考人工智慧為課題的研究正一日千里發展。以 IBM 的人工智慧程式 Watson 為例，這類人工智慧產品用意是增強工作者，從他們手中接下更多思考性任務。在這種情況下，思考性工作者必須展現「更高等的」智慧（亦即更難被人工智慧模仿的智慧等級），否則就會被取代。換句話說，思考人工智慧正在代替人類執行許多思考工作，讓人類智慧專注於情感和人際關係。當情感工作在經濟上變得比思考工作更重要，我們就會進入「情感經濟」。本書後面會談到，我們估計情感經濟成為主角的最可能時間是二〇三六年；但無論如何，經濟型態朝向情感經濟的轉移已是大勢所趨。

情感經濟的本質

情感經濟強調感性與共情。在情感經濟逐漸崛起之時，正好也是圖像表情符號開始大行其道的時間，這絕非偶然。世界各地的人都想更快速、更有效率地表達情感。消費者已經喪失把兩個數字相乘計算的能力，卻有辦法在一大片可用的圖像表情符號之海中找出自己要的來與他人進行溝通。人類曾是思考機器，現在已成為情感生物。

在情感經濟中，工作崗位的本質變得不同。讓我們以財務分析師這種工作崗位為例來說明，它原本工作內容看來極注重思考分析，但事實上卻變得愈來愈具情感取向。某位財務分析師告訴我們，他現在把技術層面的事都留給人工智慧去做，自己則全心經營跟客戶的關係、提供支持指導、負責讓他們安心。經濟的各部分都出現這種朝向情感的轉變。舉例而言，在過去，客服人員這種工作崗位必須親自接電話對答，但到今日，常規問題一般都已交給人工智慧聊天機器人處理，客服人員只負責非常規情況。業界需要的客服人員數量變少，但留下來的都被「升級」去專心應付那些與判斷力、創意、靈感、感性、共情和人際交往能力有關的事——也就是人工智慧目前難以做到的事。

情感經濟可能導致女性在經濟裡的重要性獲得提升。這是因為，平均而言女性擁有更佳的共情與社交能力。這話的意思不是要表示男性不可能擁有極佳社交能力（就像女性也可以是優秀的工廠勞工），但以平均情況來說，我們可以合理預期女性會占有優勢。這可能導致社會中產生置換。比方說，當思考人工智慧為實體經濟畫下句點，許多男性（平均而言在體型與力量上擁有體格優勢）就被取代掉，造成工業城鎮、礦區與農業區出現許多失業男性。由是，川普提名的聯邦準備理事會（簡稱「聯準會」）理事候選人就表示，美國經濟最大問題在於男性收入降低。正如男性在實體經濟讓步於思考經濟時遭到取代，女性也可能在情感經濟中整體勝過男性。

隨著思考人工智慧接手愈來愈多思考工作，人類會變得愈來愈不擅於思考，而更把心思放在情感上。我們在許多領域已經看見有證據證明此一轉變，其中也包括政治。舉個例子，川普是長年來最不具思考取向的美國總統候選人，相比之下希拉蕊要有智慧得多，對資訊的掌握也優秀得多。從思考智慧的立場出發，希拉蕊毫無疑問會是贏家。但她卻輸了，主要原因就是她不像川普（或甚至她丈夫比爾．柯林頓）那樣與民眾情感交流。川普沒有提出清晰解決方案，但他能彰顯出人民的失望與疏離。同類的「民粹主義者」候選人在世界各地如雨後春筍冒出頭來，比如英國脫歐、義大利五星運動，以及烏克蘭人選一個喜劇演員當總統。

當人類謀生的大環境改變，教育也必須跟上腳步。我們在教育的每個階段都自然認定教育要訓練人思考，但這在情感經濟裡可能不是正確做法。如果一個人的職業生涯順利與否變成高度取決於情感、共情和社交能力，那教育就必須更加注重這些課題。未來的課程名稱可能會從「基礎資料科學」變成「共情入門」、「情感智慧」或「人工智慧合作實習」。當然這世界還是需要少數幾位頂尖人才工程師來與人工智慧算法互動，但大多數人都要往「軟性」領域流動才有較佳出路。舉例來說，學士後商業學程錄取學生的標準可能愈來愈強調團隊經歷與社交能力，而愈來愈不注重如 GMAT 或 GRE 數學分數這類分析思考能力指標。

管理者的最佳作法是將人工智慧和人類智慧想成一個團隊，確保它們各自專注於最拿手的領域。意思是說，在這個搭檔關係裡面，人工智慧負責思考，人類智慧負責情感。既然人類工作崗位裡原本需要執行的思考工作已經交給人工智慧，這些崗位也必須重新設計成為更具感情取向、更注重人與人的關係。那麼，這類職位的徵才方向也會改變——思考經濟裡最吃香的「理工宅」可能得開始發展更高的社交能力，因為純粹的分析火力已經逐漸失去重要性。

情感經濟會對消費者與社會產生什麼影響

不只是工作者與工作崗位在改變，日常消費活動也在改變。現在大量的思考工作已交由智慧型手機與其他設備來執行，就連消費者都變得更具情感傾向。這由社群媒體的興盛就可看出。就算我們 Facebook 帳號的「朋友」不都是真朋友，但人與人之間仍以空前的程度在進行連結，連帶就是有更多機會可以發揮感性、產生共情、開展人際關係。在管理上，這意義就是我們再也不能預設消費者會依理性行動。心理學裡面有談到「中央路徑」與「周邊路徑」兩種說服策略，但認為其中以偏向理性的「中央路徑」較為重要。這在情感經濟裡會出現一百八十度轉變，較不理性的「周邊路徑」將成為主角，而行銷人員若忽略感情要素就是自找死路。

情感經濟跟之前的思考經濟一樣，都有贏家與輸家。被人工智慧取代的思考工作者，如同過去被機械人工智慧取代的勞力工作者，將成為社會上的大問題。思考人工智慧由資本驅動，它所造成的不平等影響類似當初機械人工智慧大行其道之時，值得我們深思。人工智慧的施用都是大規模的，也就是說施用人工智慧的資本家可能大發利市，但被人工智慧取代的人卻落入經濟困境。這導致矽谷科技社群的某些人發聲倡議「全民基本所得」，即所有人無論有業或無業皆應獲得最低收入；這種計畫有明顯的優點（如消除極端貧困）與缺點（如剝奪工作動機）。

前瞻

我們正在經歷情感經濟的興起，但如果人工智慧發展出更強大技能，導致人工智慧展現出創作能力，甚至擁有情感技能，那又會怎麼樣呢？事實上，當前正有大量研究投入研發創意人工智慧，這種人工智慧其實已經非常常見，但大多都是以與人類合作為前提。比方說，現代流行音樂一般含有電腦編程的電子樂器（如合成器、序列器與鼓機），人類在其中的功用常變得僅限於人聲歌唱——背景樂器有時完全不需真人演奏。換句話說，以今日大量的流行音樂而言，留給人類操作的只剩下樂曲中最能表達感情的人聲部分。

所以，如果我們以為創造力是人類工作者永遠安全的避風港，這大概會出問題。就事實來說，目前已經有完全由電腦寫出的音樂作品、散文與詩歌，將來這類東西只會更多。

此外，談到情感，忽視人工智慧在這方面的能力或許也是不智的。偉大的人工智慧先驅者圖靈發展出「圖靈測試」這種測試人工智慧的方法。依照圖靈測試，假使某個人類觀察者無法分辨人工智慧行為與人類行為差異，那就表示人工智慧與人類能力相仿。情感人工智慧若要通過圖靈測試，它必須（1）正確辨識人類情感，（2）以情感上適當的方式作出回應。學界在這兩個領域都已積極進行研究，進入實用階段指日可待。谷歌和其他許多研究者都在研發從人臉表情讀出情緒的方法；與此類似的是，聊天機器人的研究方向也是要辨認語言中所含情緒。另外，讓人工智慧作出情感回應也是熱門研究課題，目前已有很多機器人能以頗具說服力的方式傳達感情，比如紐西蘭奧克蘭大學的「Baby X」；還有一個是香港公司開發的「Sophia」，它已經獲得沙烏地阿拉伯公民身分。

讓我們朝向未來望得更遠，一旦情感人工智慧功能完備，那人工智慧將在各方面都勝過人類智慧；這就是美國作家庫茲維爾所提出的「奇點」。到時候，人類有以下幾種選項：把人工智慧變成我們的僕人（所有工作都讓人工智慧完成，人類只需休閒）、與人工智慧融合（例如把人類改造成生化人），或是被淘汰（比如人工智慧勝利而人類從此只能撿拾殘餘）。我們當然可以想像人類始終掌控人工智慧，來讓自己感到安心，但假使人工智慧在每一種智慧層級都壓過我們，那結果恐怕不會太樂觀。對此，我們的結論是：情感經濟之後可能出現比情感經濟更嚴重的取代現象，不過這件事至少大約還要數十年才會發生。

本書章節架構

第一到三章敘述人工智慧帶來的三個時代：〈實體經濟〉（第一章）、〈思考經濟〉（第二章）和〈情感經濟〉（第三章），闡釋人工智慧的發展程度怎樣造成這些時代到來。第四到十章描述情感經濟的本質，〈表情符號的時代〉（第四章）描述當前正開展這個充滿情感能量的時代，〈情感工作崗位〉（第五章）討論人類工作崗位有何變化，〈女性時代〉（第六章）預測情感經濟將是女性地位提升的時代，〈情感政治〉（第七章）探索情感經濟中人民選擇政治人物的方式如何改變，〈教育應該怎樣改變〉（第八章）描述情感經濟怎樣轉變教育內容，〈消費者使用的人工智慧〉（第九章）呈現人們日常生活如何因人工智慧而不同，還有〈情感經濟管理學〉（第十章）呈現管理學在新環境下必須有的變易。第十一章〈道德、倫理與政府統治所受影響〉討論社會該如何回應情感經濟導致的原從業者失位現象。

第十二到十五章從情感經濟再往前看。〈人造創意力〉（第十二章）討論使用人工智慧來加強創造力的研究工作與早期嘗試。〈情感人工智慧〉（第十三章）對相關研究加以摘要介紹，即建造可以有效辨識情緒並以情感上適當方式回應的人工智慧之研究情況。〈生成式人工智慧的興起〉（第十四章）討論生成式人工智慧的進步如何加速情感經濟到來、促進情感人工智慧發展。〈情感經濟之後〉（第十五章）討論「奇點」的概念，即人工智慧在各方面（實體、思考與情感）都勝過人類智慧的時刻，並思考可能的光明未來與世界末日。第十六章〈結論〉總結全書。

第一章
實體經濟

時間回到一百多年前，我們看見的經濟型態與今日已開發國家大不相同。當時的經濟是以工業、農業與礦業等領域為基礎，這就是「實體經濟」。隨著思考經濟日漸茁壯，許多在實體經濟下占盡優勢者都被時代遺忘，導致那些實體經濟時期曾盛極一時的地區充滿懷念舊日風光的惆悵。然而，我們真有可能回到過去嗎？比方說，我們真的可能把工業生產崗位重新帶回美國嗎？

這種期望在政治上很吃香，傳統上靠著工業生產發跡的如密西根、俄亥俄、賓夕法尼亞、威斯康辛等州選民都渴求讓家鄉再現昨日榮光，極易被作出這般承諾的政客給打動。舉個例子，美國總統川普許諾讓製造業回到美國，他從二〇一八年開始向中國出口美國的貨物（大多是工業產品）徵收關稅，試圖以此給本國產業打一劑強心針。結果，中國隨即對美國來的化學物、蔬果、威士忌與大豆等貨物徵收報復性關稅，導致美國工人受害，吸引製造業來美國設廠的努力也大半付諸東流。然而，就算川普成功，此事對生產崗位的影響也很有限，因為人工智慧已有能力將生產過程自動化。這讓我們不禁質疑，在這個以資訊與服務為基礎的二十一世紀，十九世紀的經濟型態是否可能復活。

本章我們要討論實體經濟，這種經濟型態存在於資訊與通訊科技發生革命之前。大略而言，這就是十九世紀與之前的經濟型態。那麼，當科技已從生產科技（如工廠生產線）進步到資訊科技（例如 ATM 進步到前端服務互動的自動化、企業資源規劃進步到後勤功能自動化）再進步到人工智慧（如聊天機器人與迎賓機器人這類自動進行前端互動的智慧型自動系統），我們是否還能重興實體科技？或說我們是否想要重興實體科技？

為了回答這個問題，我們必須了解「經濟」是什麼，以及它如何演變。所謂經濟，指的就是商品與服務怎樣被生產、被消費。生產商品與服務需要投入人力（有專業能力或無專業能力）與資本（如機器設備、資訊科技或人工智慧）。至於我們處在哪種經濟型態，這取決於生產過程利用人力還是設備（即科技）較多，以及投入生產的是哪種人力或設備。

經濟因科技進步而產生演變，通常是由生產科技變為資訊科技，再變為人工智慧。實體經濟在十九世紀中葉蔚為主流，從第一次工業革命延伸到第二次工業革命，機器是它的動力，工業在歷史上首度獲得顯眼地位。直到今天，許多人都還稱呼最先進的經濟是「工業化」的，儘管經濟中最先進的部分其實已經超越工業。在實體經濟裡，雇傭與薪資的基礎較是機械性工作內容，比如檢查設備或材料、進行一般勞力活動，以及維護修復機器設備。驅動實體經濟的科技是生產技能（或生產設備）；人們以機器為工具，製造出各種產品。

現在，大多數高度發展的經濟都過了實體經濟這一階段，在資訊科技革命之下進入思考經濟，而服務業則成為經濟裡的最主要部分。科技還在不斷發展，從資訊科技往人工智慧推進，於是經濟型態也持續朝向情感經濟轉變；這種情況下，「硬性服務業」（服務業中較需求思考能力的部分，如科學思考和分析技能）開始逐漸讓位給「軟性服務業」（服務業中較強調軟性、社交、人際能力和人際接觸的部分，如醫療、接待與教育）。

或許有人會懷疑，實體（製造業）經濟是否真已成為歷史，畢竟我們還是到處都看得到製造業存在啊，像是密西根州的汽車製造業、北卡羅萊納州的啤酒製造業，以及印第安納州的汽車零件製造業。只不過，有更多製造業已經移到美國之外，大多數在中國這類發展中國家進行。

我們能不能，或者說應不應該，將製造業帶回美國？在這一章，我們會鋪開一張路線圖，展示十九世紀以來經濟如何從實體經濟演變為思考經濟，再到未來的情感經濟，而這背後的原因是科技從機械進步到資訊科技，再到人工智慧。這張路線圖是從我們一系列以理論預測和實徵證據為基礎的論文發展而成，它能幫我們回答這個「能不能」或「該不該」回到製造業經濟的問題。

多重人工智慧

機械設備（生產科技）是實體經濟的支柱，資訊科技（機械人工智慧）是思考經濟的驅動力，而人工智慧（認知科技）則是情感經濟的骨幹。

我們把上述各種科技全部翻譯成一個單一觀點，即「多重人工智慧」。此一觀點不但將每一代不同科技整合在人工智慧的傘式概念之下，同時也挑戰傳統認為智慧只有唯一一種「思考智慧」或「智商」的觀念。

我們會覺得一個擅長數學、科學或工程的人很聰明，但比較不會說一個善於溝通和人際互動的人是「聰明」的。大多數人都認為「思考智慧高」也就是「智商高」的人是聰明人或天才。我們很少會說一個能理解他人苦痛（即具備共情能力）的人很聰明，最多只會說這個人人很好（很多人都覺得自己的媽媽或祖母「人很好」，但不會覺得她們聰明）。這個觀點是錯的，因為人可能具備感情智慧，也就是擁有高情商。這是不同型態的智慧，在某些人身上是自然流露（特別是身為母親或照顧者的女性），就像智商也是某些人的天賦能力。

「多重人工智慧」這個觀點要強調的是：人類的智慧有多重型態，這是事實，那設計來模仿人類智慧的人工智慧也應該擁有多重型態的智慧。有的人長於思考但拙於情感（例如埋首電腦無視旁人的古怪「宅男」程式設計師），有的人則擅長用情但不擅長思考（例如某些心理輔導員，或你朋友中很願意聽人訴說的那類人），還有的人專長在於產出實體成果（如維修工人、畫家，以及創造美好作品供人欣賞的藝術家）。這些智慧各自不同，但也有彼此重疊之處。一個人未必只在一種智慧上出類拔萃，但一般情況下不會有人十全十美。

我們在二〇一八年發表〈服務用人工智慧〉，首度提出多重人工智慧觀點，表示人工智慧發展順序是如圖 1.1 所示，由機械智慧發展到分析智慧，再到直覺智慧，然後再到共情智慧。此一順序取決於人工智慧模仿該種人類智慧型態的困難程度高低。機械智慧（對人工智慧來說）是最簡單的階段，共情智慧則是最困難的。後來，我們在二〇一九年又發表〈情感經濟：下一個人工智慧時代的管理學〉（《加州管理評論》期刊），[1] 將這個架構簡化為三等級：從機械智慧到思考智慧，再到情感智慧；前面提到的分析智慧與直覺智慧被我們合為「思考智慧」。下面我們會討論人工智慧這三個智慧層級。

機械人工智慧

機械人工智慧只擁有最低的學習或調適能力，它大部分時間都沒有在進行學習，原因可能是沒有進行學習的必要（比如進行重複性或規律性工作時就沒有新東西可學），或是學習對工作表現沒有助益（比如它可能需要長期進行一致的、標準化的輸出）。有的時候，機械人工智慧和傳統資訊科技並沒有明顯區別。我們甚至可以把資訊科技想成是機械人工智慧，因為大多數資訊科技都是由預先輸入好的程式來執行某些功能，

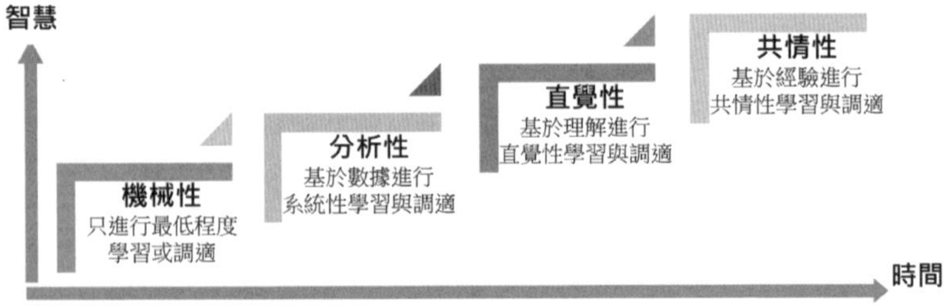

圖 1.1　多重人工智慧（來源：黃明蕙、拉斯特，〈服務用人工智慧〉，《服務業研究期刊》，2018）

只在必要時做更新；學習或調適能力不常出現，或在真實情況下不會出現。大部分電腦軟體都可視為機械人工智慧。有些人或許覺得軟體沒必要一直更新，我們也可以手動關掉「自動更新」功能；這表示學習與調適不是它們永恆必備的能力。

思考人工智慧

思考人工智慧會系統性地使用認知資料進行學習與調適。認知資料是客觀的、基於事實的，不受心情、情感、情緒、喜好、態度與背景脈絡影響。它們一般都很「大」，這個「大」不只是指資料的量，而是說它們的多樣性、速度與準確性都非常高。當前思考人工智慧進行學習與調適的主要方法包括機械學習、類神經網路與深度學習（使用更多層次的類神經網路）等。我們在圖 1.1 裡面更進一步將思考人工智慧拆解成兩個子類：低層級分析性人工智慧與高層級直覺性人工智慧。本書第三章〈情感經濟〉會討論這兩個子類。

這就是目前主宰經濟活動的人工智慧層級。思考人工智慧之所以能大行其道，是因為大數據可以取得、機械學習方法更進步、電腦計算能力更強化，以及電腦計算成本下降；這些都讓機器得以依靠資料進行可行、有效率且有效果的思考。我們二〇一四年在《行銷科學》發表〈服務革命與行銷科學轉型〉一文，文中列舉資料呈現無所不在的顧客溝通與顧客大數據怎樣把經濟改造、擴張為服務經濟。[2] 就本質而言，我們的觀察是：當科技讓資料變得唾手可得，可以用來輸入各種機械學習算法與模型，這就能大幅擴展我們的分析思考能力，讓我們與顧客的關係變得更親近。

思考人工智慧可視為一種理性機器，因為它是藉由系統性分析認知資料而輸出成果或做出決定。理想上，認知資料應該是「中性」的，意即資料裡不應包含任何（情感）偏見；但後面我們會談到，事情並非一定如此。

情感人工智慧

這個層級的人工智慧與思考人工智慧可說有質的區別，類似智商和情商的對比。情感（或以〈服務用人工智慧〉一文的說法是共情型）人工智慧不是分析性的，不是以理性為基礎；相反地，它是藉由經驗來進行學習與調適。「經驗」一詞有整體的意義，它無法輕易可視為拆解成幾個位元組的數據，也難以跟背景脈絡分開；這代表了最高層級的人工智慧，最難被機器模仿。電腦科學家還在努力找出發展情感人工智慧的方向：

我們是不是應該把它做成思考人工智慧（如機械學習）的直接延伸，只是把輸入的改為情感資料？還是我們應該用完全不同的方式來理解它？目前我們尚未得出結論，但大型科技公司都在發展情感人工智慧的賽場上競爭，將其視為最高商業機密。

大多數人類可能覺得表現情感智慧是自然而然、毫不費力，新生兒可能突然就開始哭，然後在獲得餵食或看見媽媽的時候又笑出來。對很多人來說，情感這種智慧根本不必學習（因此常不受重視）。我們很少看到有人上大學學習共情能力。相對而言，大部分人與教育機構所強調的都是思考智慧。然而，人工智慧在情感智慧這方面卻只有最初步的能力。

多重人工智慧的實徵證據

多重人工智慧觀點受理論與實徵證據所支持，下面我們要展示一項未發表過的證據。（已發表的證據可見於我們二〇一九年刊於《加州管理評論》的〈情感經濟：下一個人工智慧時代的管理學〉一文。）我們使用美國勞動統計局從二〇〇三到二〇一六年的官方資料，分析四種智慧（即完成工作所需的機械、分析、直覺與共情智慧）對人類工作者薪資的影響，並排除教育程度（代表特定工作崗位所需技能等級）影響。表1.1 根據約一萬一千個觀測結果呈現這五種變因之間相關性，數值愈大表示兩種變因彼此愈有關（若數值為負則表示愈無關）。很明顯的，教育程度與機械性工作是負相關，意即教育

表 1.1　工作智慧與教育程度的平均值、標準差與相關性

智慧層級	1	2	3	4	5
1. 機械	1.00				
2. 分析	0.15	1.00			
3. 直覺	–0.08	0.81	1.00		
4. 情感	–0.01	0.57	0.78	1.00	
5. 教育	–0.37	0.54	0.71	0.42	1.00

註：智慧對工作的重要性表示為重要等級 1（不重要）到 5（非常重要）。
教育程度表示為 1（未取得高中文憑）到 7（博士學位或專業學位）。
來源：作者自製。

對機械智慧較不重要。相比之下，教育與其他三種智慧都是正相關，特別是跟兩種思考智慧——即分析智慧與直覺智慧的關係最明顯。這表示我們當前教育系統強調訓練學生執行思考工作。

進一步，我們要比較四種智慧對於薪資的相對重要性，排除教育程度（代表特定工作崗位所需思考技能）影響。所得結果就是表 1.2。星號表示智慧種類對薪資的重要性，星號愈多代表該種智慧與薪資高低關聯愈強。不出所料，我們發現機械智慧不再對薪資高低有重大影響（未達統計上顯著，甚至呈負方向）。分析智慧對薪資最重要，其次是直覺智慧與情感智慧。

如果把各種工作智慧之間重大差異拿來比較，我們會得到一些很有意思的結果。對薪資影響最大的智慧（在研究進行期

表 1.2　工作智慧對薪資影響

預測變數	薪資	
	係數（Z 分數）	顯著水準
機械工作	–0.059 (–1.10)	
分析工作	0.774 (9.90)	***
直覺工作	0.631 (6.04)	***
情感工作	0.516 (12.96)	***

註：***$p < 0.000$。
來源：作者自製。

間）依序是分析智慧、直覺智慧、情感智慧，機械智慧跟薪資關係不大。這表示實體經濟下極其重要的機械智慧現已失去地位。延伸來說，與經濟中其他更有活力的部分相比，實體經濟本身也已是毫無前景的一灘死水。另外，要注意情感智慧對薪資的重要性已經幾乎趕上分析智慧與直覺智慧。

由此可得，我們理論中的關鍵要素獲得了實徵證據支持：（1）相對於主流的單一思考智慧觀點，智慧（人類與機器的）其實有很多種。（2）機械智慧不再與高薪相關，但分析、直覺和情感智慧都很重要。

實徵證據還顯示，除了機械智慧以外，其他三種智慧對薪資的重要性都在日益增加，特別是直覺智慧與情感智慧。這項證據能幫助我們得出結論，知道我們能不能或該不該將製造業帶回美國與其他已開發國家。

實體經濟的生產科技（機器設備）

實體經濟的特質是用機器設備來增加人工生產力，這就是前人工智慧經濟。生產科技（機器設備）提供工具，讓人用來製造各種產品。這些工具能放大個別工人的勞動效果，賦予經濟力量，將粗原料轉變為一般人買得起且有品質的產品。[3]

據歷史所示，科技演變是推動經濟前進的關鍵角色。十九世紀工業革命時期有生產線、有因電力而成為可能的大規模機械化，人與機器在其中共同合作，高效大量生產商品（需要更多低技能的製造業勞力）。經濟學家認為，在這種經濟下，決定經濟生產力最重要的兩大投入因素是勞力與資本。

當人們愈加廣泛地使用機器設備協同人力進行生產，體格力量在生產中的重要性也就降低，但並未徹底消失。最著名的生產科技就是生產線，它是福特的劃時代發明，用來有效率地大量生產汽車。這項發明背後的真知灼見，就是把複雜的汽車生產過程分解為一小個一小個簡單的、重複性的工作；這樣，任何一個缺乏精湛技能訓練的人類勞工（無須受過高等教育）都能在生產線上參與製作汽車。汽車製造業原本需要少數專業技工（如法拉利賽車的製作過程大部分依賴手工），在這之後改為需要很多相對而言缺乏技能的工人即可（如福特 T 型汽車的製作過程）。由此，只要以眾多非技能工人與生產線作為投入因素，就能大量生產汽車，製作出讓更多消費者買得起的廉價汽車。二〇一九年電影《賽道狂人》漂亮地呈現出前述兩種生產模式對比，電影背景是工業生產的黃金年代，當時大家都能在工廠找到薪酬優渥的工作，因為參與實體經濟者並不需要精湛技能訓練，也不需要長期接受教育。

實體經濟的特質是什麼？

我們認為實體經濟有三大重要特質：（1）體格力量對於生產至少還有一些重要性（在不少生產環境下，工作者必須擁有相當體格力量才能有效操作機器），（2）製造業非技能工人是主流，（3）大規模勞動參與，但平均薪資較低。

「肌肉發達男」的天下

談到體格力量，歷史學家詹姆斯在他二〇一八年的文章〈笨蛋經濟〉中表示：勞力工作如種田和狩獵需要肌肉力量，所以肌肉健壯的人比起瘦的人有相對優勢。[4] 我們知道，體格力量作為勞力投入，在實體經濟裡的價值高於現代服務經濟。那時代大眾媒體所展示的「典型」工人形象都是壯漢。圖 1.2 左邊畫的是實體經濟「肌肉發達男」形象。就連開車，開手排車所需體格力量都比自排車要多。至於體格力量在農林漁獵幾個領域的價值就更高，少了它就不行。所以說，擁有體格力量（和肌肉）的人在實體經濟裡是高價值的生產投入。

既然體格力量在實體經濟裡是一般需求，那些體格力量較低或有限的人就比較可能自願或非自願地「無業」。舉個例

圖 1.2 肌肉發達男、頭腦聰明人、情感豐沛女（來源：作者自製）

子，體格力量較大的男性會被雇用從事農業或工業生產，體格力量有限的女性則「無業」在家，無償從事家務。這在無意間導致實體經濟就業市場出現性別歧視。工業時代的經濟由男性主宰，因為男性通常體格較強壯，能比女性更輕易地執行好工作。於是，當時的經濟型態就變成男性在工廠工作（製造業）、女性在家照顧小孩（服務業），這是由生理條件體格力量差異導致的勞務分工。

製造業的天下

在這種經濟下，製造業對經濟的貢獻最多。我們再來說生產線的例子，這類生產設備大幅降低生產複雜產品所需技能難度（去技能化）。因此，非技能與半技能製造業工人在這種經濟裡是最大宗。一般來說，工人不需要受過高等教育（如擁有大學文憑）才能上生產線工作。農業勞動力跟工業的情況類似，基本上也不需要高等教育來訓練工作技能。然而，跟工業不同的是，農業勞動者更依靠本能、觀察他人與自我訓練來獲得工作技能。如果我們用教育程度來代表技能等級，則實體經濟中的兩大領域（工業與農業）相對來說都不需什麼技能，但工業卻成為對經濟貢獻最大的那部分。

低技能工人有更多機會

這種經濟下，大多數只受過基礎訓練和教育的人都能在工廠找到工作。生產線的設計用意就是將生產過程分解成許多小的、同質的、重複的工作，每樣工作由一名工人完成，於是就促進一般人大規模參與勞動。雖然實體經濟失業率通常較低（容易找到工廠工作），但從業所需技能也低，所以真實薪資通常比今天要低。這種普遍性的勞動參與表示致富者較少，但有較多人能賺到生活所需收入；此情此景正呼應共產主義理想，即「均貧」優於「富而不均」。工人薪資與權益受到強大工會保護，這也反映當時勞工力量勝於今日。

製造業回歸美國？

以後見之明來看，實體經濟的特質是這麼一回事：經濟使用機器設備，許多非技能勞工成為生產投入而進入工廠工作。勞工賺的錢不多，但大多都能穩定擁有工作。於是，這種經濟之下，人口大多數就業且過得滿意。

現在我們身處思考經濟，相對而言是較少數有技能的思考工作者賺取較高薪資，但較多數非技能製造業勞工只能領低薪或甚至失業。在這樣的背景下，我們動不動就聽到政治人物承諾要讓製造業回歸美國以提升經濟。這有可能做到嗎？且這樣真的好嗎？

為了討論此一課題，我們首先需要更徹底理解實體經濟的經濟安排。這種經濟型態強調效率與量，至於效果與質的問題則是其次；其結果就是標準化的商品得以大量生產，價格人人負擔得起。這樣安排有個很大的優點是社會平等，因為大部分人在這種經濟型態下都能找到工作（就業所需技能比較平均，且一般不高），只是薪資比較低一點而已。那是個藍領階級身為勞動力主流的時代。

我們也該從全球角度來看事情，因為「我們到底能不能把製造業帶回美國」的答案也牽涉到製造業現在在哪些國家。這是個全球分工的問題。自從美國由實體經濟進入思考（服務）經濟，開發中國家（特別是中國）就從原始經濟進入實體經濟，填補製造業空缺。這不只是美國跟中國的事，這是全球性的現象。於是，全球分工變成如下情況：已開發國家使用機械人工智慧進行工業製造（自動化生產），讓非技能勞動人力轉去供應服務業，導致服務業大盛。與此相對比的是，開發中國家利用本身低工資的優勢與機器設備的協助，將非技能勞工送入製造業。

機械人工智慧（或資訊科技）興起導致實體（製造業）經濟轉變為思考（服務業）經濟，但過程未必平順。現在，非技能製造業勞工如果不能成功再技能化成為服務業勞工，就很難找到工作。全球分工本身也可能出現困境，特別是當已開發國家仍有足量勞動力尚未再技能化（成為服務業勞工），但開發中國家又急於填補這個非技能勞工空缺。美國當前許多仍擁有製造業的地區就是面臨這種情況，製造業已由機械人工智慧進行自動化操作（取代人工），因而產生出一群又一群心懷不滿的失業勞工。

中美貿易戰是上述困境的放大呈現。那麼多製造業移往中國，而美國某些非技能製造業勞工卻還沒再技能化成為服務業勞工，於是失業。這導致美國的非技能體力勞動者（農業與工業）不高興，因為他們的就業市場縮水，工作被機械人工智慧搶走了（自動化生產）。

那麼，把製造業帶回美國究竟可不可能或好不好？如果我們談的是製造業，那答案是有可能，但工作的會是人工智慧而不是非技能人類勞動力。美國最終可能再度成為工業大國，但這次用的是高科技機械人工智慧來進行全自動化生產。這種例子在「第四次工業革命」（即「工業 4.0」）裡面已經太常見，都是小型工廠，現場經常沒有任何操作人員。史邁黎在《紐約時報》二〇一九年人工智慧特輯裡報導說：航空影像公司使用高解析鏡頭與人工智慧檔案分析來協助加州農民控制灌溉，讓農民不必為了找到出問題地點而整天開車或走路。還有一間公司提供無駕駛牽引機，可以日以繼夜不斷在田裡工作，解決勞力短缺問題。[5] 上述例子可以證明，就連農業都會變成人工智慧驅動的高科技產業，而不再是勞力密集產業，因為勞力密集已經不可行（勞力短缺）也／或不划算（機器的效率較高）。

這樣，讓我們把問題說得更精確：真正的問題是能不能或值不值得把製造業工作崗位帶回美國，而不是在製造業本身（經濟上，「工作崗位」指的是人力作為生產投入，「自動化」指的是機器設備作為生產投入）。在這類工作上，機械人工智慧的表現通常遠超出人類勞動力，不但效率較高，成本也較低。以美國當前薪資水準來看，美國的非技能勞工根本無法與中國（或其他開發中國家）的非技能勞工競爭。

機制：機器設備增強非技能勞動力

關於美國能不能或該不該讓製造業回國的討論，其基礎是實體經濟下的人類－機器關係。在這種經濟型態裡，機器設備的效果是讓工作崗位去技能化，將複雜的生產過程解構為簡單的機械性／體力性／規律性／重複性工作，以至於工廠只需要非技能工人來進行生產。

實體經濟下，就業與薪資會跟機械性／體力性／重複性工作比較有關，比如檢查設備或材料、進行一般體力活動，以及修理維護設備。如果我們回顧歷史，這類工作在工業革命（即「工業 3.0」）之前是由技能工人來完成；等到機器設備與生產科技出現，這類工作就能交到非技能工人手中。由此看來，機器設備增強了非技能勞動力，讓更多非技能勞工可以結合**機器自動化**而參與生產。這類變化在很多開發中國家（例如中國）都還方興未艾，愈來愈多非技能勞工從農業移往製造業。

這個工作崗位轉變機制過程如下：機器設備將工作崗位去技能化，容許大量非技能勞工參與規律性、同質性的製造業工作。換句話說，非技能工人是被機器設備增強了（所以他們才能跟機器一起進行製造生產），因為機器設備把複雜製造過程去技能化，變成規律性的生產線。

經濟成果：標準化

標準化是機器設備在實體經濟下所提供的主要利益。機器被用來將生產過程標準化，以便大量生產商品。這是極大的利益，因為它讓產品人人有得買、人人買得起，且它降低參與勞動所需技術能力而促進更多人加入。這種經濟型態下的人樂於從眾，例如開福特 T 型車，或是收看電視節目《我愛露西》（就算是今天最流行的電視節目，其收視率也遠遠比不上當年的《我愛露西》）。舉個例子，連鎖速食餐廳麥當勞是在一九四〇年代左右開業，提供標準化菜單與食物給每個顧客而大受歡迎。

結論：實體經濟的未來

經濟發展過程中，實體經濟曾經輝煌過，但那個時代已經一去不復返。就算製造業回歸了，製造業工作崗位也回不來，因為本來由人類勞動力執行的工作現在都交給人工智慧。就連實體經濟另外兩大支柱農業與礦業也都使用人工智慧來自我改造，把對人類勞動力的需求降到最低。許多因思考經濟取代實體經濟而失位的勞工如今還在困境中掙扎，但**下一波**大規模失位浪潮（情感經濟取代思考經濟）又即將來臨。這導致「如何拯救失位勞工」成為重大社會議題。下一章我們會討論人工智慧的早期型態「機械人工智慧」怎樣更進一步推動我們從實體經濟進入思考經濟。

第二章

思考經濟

隨著勞力工作自動化，人類體力勞動者的價值受到削減，由此造就了思考經濟，讓思考成為最有價值的人類技能。我們大致還生活在思考經濟裡，但已可見崩解跡象。人工智慧開始入侵思考領域取得驚人成果，它已經威脅人類思考能力的經濟價值。我們在本章探索思考經濟的本質，以及人工智慧在思考上的進展，並考量此事對人類勞工的意義。

一九九七年，IBM 開發的超級電腦「深藍」擊敗世界西洋棋冠軍卡斯帕洛夫；它像人類一樣下西洋棋，學習各個西洋棋大師的戰略（認知推理的學習方法）。二〇一七年（將近二十年後），谷歌的「AlphaGo Zero」擊敗中國的世界圍棋冠軍柯潔；這一次，AlphaGo Zero 是用機器的方式下圍棋，它跟自己對弈無數次之後找到取勝之道（資料對應的學習方法）。

西洋棋與圍棋的主要差別在於：西洋棋棋手每一回合擁有的行動選項（約三十五種）遠少於圍棋棋手（約二百五十種），優秀的西洋棋棋手有本事記住自己與對手的每一步棋，依此做出反應，這就是人類的學習方式，先認知問題（記住先前每一步並理解當前局勢）然後依此做出反應（想出下一步棋怎麼走）。深藍這台電腦是用超級電腦的運算能力來使用人類的策略，它更像是一個擁有超級電腦運算能力的人對上另一個沒有超級電腦運算能力的人（即卡斯帕洛夫）。這話絕無貶低卡斯帕洛夫之意，因為他的人腦運算能力以人類標準已經不可思議了！

相較於西洋棋，圍棋可能的進行方式幾乎沒有上限，也就是趨近無限大；因此，棋手光擁有強大記憶力已經不夠。電腦圍棋人工智慧軟體不會把所有可能下法都記住，而是以增強學習為本，也就是強化取勝的下法、懲罰落敗的下法。日積月累，機器就學會了怎樣取勝，雖然它們並不了解為什麼。以這種學習方法，機器並不知道為什麼特定下法能夠取勝，但它學會了這種下法更有可能導致勝利。

當人工智慧的思考能力愈來愈強，思考經濟會怎樣改變？我們下面會呈現某些種類的思考能力還能繼續保有價值較長一段時間，但某些則否。

思考經濟裡，就業與薪資更與思考性工作有關，例如處理、分析與詮釋資訊，或是給工作訂計畫並決定優先順序，或是做決策，又或是解決問題。思考經濟的科技推動力是資訊科技，是存儲、檢索、轉換與操縱資料或資訊的機器。

我們在第一章討論過機器設備與工業科技怎樣將工作崗位去技能化，讓非技能工作者獲得參與勞力市場資格，從而導致實體經濟興起。科技不斷進步，從實體／機械科技進步到資訊科技，於是我們也進入思考經濟。此時，機器設備只要輸入資料就能單獨執行機械性工作，它們被稱為機械人工智慧（使用資訊科技），只有最低程度的學習或調適能力。

機械人工智慧可藉由資料進行學習與調適，但如前所述，它的功能不太以學習為重點，因為沒有必要或缺乏可欲性。有了機械人工智慧，重複性的製造業工作通常能全部由機器完成，不再需要非技能人類製造業勞工參與。失位的勞工只有兩條路：移往服務業（再技能化）或提高技能（技能提升）。

為了了解機械人工智慧怎樣驅動思考經濟，以及思考經濟的本質究竟是什麼，我們先要來討論兩種思考智慧，呈現人類相對於機器的力量比較，然後再討論我們當前職業訓練與教育內容怎樣促成「單一」思考智慧的觀點。挑戰這種觀點的最著名作品就是高曼在一九九六年出版的《EQ》一書。[1] 我們提出的多重智慧觀點也呈現了人類與機器都擁有多種智慧（因為機器是設計來模仿人類智慧）。

人工智慧的特徵

人工智慧有兩個定義性特徵：自我學習與連接網路。這兩個特徵適用於本書所討論的任一種人工智慧層級。

自我學習

任何科技若要冠上「智慧」之名，它就必須具備從資料中學習、逐漸進行調適的能力。就此而言，機械人工智慧比起較簡單的機器設備要更進步，因為它有能力用資料學習。這是資訊科技（即機械人工智慧）與較早的機器設備之分別，機械人工智慧有能力處理資訊，較早的機器設備則缺乏此種能力。機器的「智慧」所在就是從資料中學習並更新結果的能力。

根據這項定義性特徵，一樣東西若要稱為機械人工智慧，它就必須擁有學習和調適的能力，就算它只有極其有限的資料、極其有限的學習能力，或者並非隨時都在學習，那也都行。舉例來說，電腦或手機若設計成只能提供一組預設功能的話，它就不是人工智慧，因為它沒有學習能力。之所以要將人工智慧設計成機械，原因可能是必要性（即沒有新東西需要學習）或可欲性（為了生成持續一致的產出）的問題，這點我們在第一章已討論過。

網路連接

如果說思考經濟（產業電腦化）的科技骨幹是資訊科技，那情感經濟（產業數位化）的科技骨幹就是數位網路。（以上兩者粗略與所謂「工業 3.0」與「工業 4.0」相應。）電腦在數位網路系統上彼此相連、互有通訊，機器不再是孤立的，而是能夠彼此學習。如果一台機器犯了某個錯誤，其他憑藉網路與它相連的所有機器都會從它的錯誤中學習，避免犯同樣的錯。從「工業 3.0」到「工業 4.0」，背後的關鍵驅動力就是網路連接。在「工業 4.0」，是數位網路讓整個系統自動化、最佳化。第四次工業革命之下，智慧化、自動化的系統以資料與機械學習為能量來源，它通常可以自動運作，甚至能全自動製造複雜產品（取代技能工人）。

人工智慧本質上與網路密不可分。在這個數位化的社交時代，我們更難想像任何數位科技會連不上網路與／或連不上彼此。人工智慧只要連上網路，就能從數位網路上每一個地方獲取資料，讓學習更上一層樓。比方說，汽車的自動駕駛系統就是利用群聚智慧，向物聯網上連接的其他所有自動汽車學習駕駛和路況。

調適能力

機械人工智慧能從資料學習、能連接網路。只要機器能夠學習與調適，它就算是人工智慧；機器的學習與調適能力正是推動經濟進入思考經濟的力量。機器設備能增強非技能勞工，讓他們去做原本屬於技能勞工的工作，例如製造汽車。相對而言，機械人工智慧（如電腦和資訊科技）則是取代非技能勞工原本在生產線上的崗位，因為它們可以從資料中學習，然後獲得自行裝配汽車的能力（生產自動化）。

機械人工智慧的各種型態

談到機械人工智慧，我們通常會想到各式各樣的具身機器人，這或許是因為具身機器人有擬人化的外表。事實上，機械人工智慧更有可能是內建於機器中，也就是它們本身不會像機器人那樣有個實體外觀，只會在後台進行操作（例如各種手機應用程式）。就算它們擁有實體，多半也只是機械臂這類，而不是科幻電影裡那種人形機器人。每一種層級的人工智慧都能設計成具有實體或內藏在機器裡。

具身機器人

當機械人工智慧設計為擁有實體，它們就是「具身」的；我們通常會用「機器人」一詞來稱呼它們（雖然這個詞也可用在機器內建的人工智慧如「聊天機器人」）。

具身機器人擬人化的程度各有不同，它們可以設計成一個互動資訊導覽站的樣子，也可以設計成人類的樣子如人形機器人或擬人機器人。工廠中的機械臂雖被稱為「臂」，但看起來就只是台機器；ATM 機看起來就是個獨立的機器人大箱子而已。美國連鎖超市「巨人食品店」裡的機器人「Marty」是長相怪異的高大機器，用一雙大大的圓眼睛來觀察店內情況。社交機器人如日本軟銀集團開發的「Pepper」是可愛的小個子，看起來一半像機器一半像人；還有華碩的「Zenbo」則是七分像機器三分像人。至於日本 Henn na Hotel 的前台機器人接待員看起來就幾乎跟真人一樣。

為什麼我們有時讓機器看起來就只是機器，有時卻又把它們設計成人的樣子？這背後的考量是什麼？要知道，設計機械人工智慧機器人的一個簡單經驗法則（我們會在第十三章〈情感人工智慧〉再回來看這個機器人設計問題）是：如果機器要用來與人類進行實體互動，那它們就比較可能設計成擁有某些人類外觀特徵。比方說，社交機器人 Pepper 就是刻意設計成長得像人，但仍與人有區別，用來跟人類消費者直接互動。它長得像人的部分是要讓人類消費者感覺在跟另一個人類互動，而它機器外觀的部分則是要讓人類消費者知道自己仍在跟機器互動。某些研究顯示消費者能夠接受人形機器人，但也有某些研究得出相反答案。一般結論是，我們最好把人形機器人設計得與真人有所區別，不然可能導致人類消費者經歷一種詭異現象「恐怖谷效應」，覺得外觀接近真人的機器人很詭異，因為「太像人」所以讓人不舒服。正因如此，軟銀和華碩才會把它們的社交機器人設計成長得像人，但像的程度有所不同。我們也發現，有另一個取巧的方法是把社交機器人設計成可愛寵物的樣子，例如華碩的 Zenbo，以此避免產生恐怖谷效應。

發展人形具身機器人的困難度與成本都更高，因為要讓它們以人類的方式作出行為與反應、進行自然社交互動，這在硬體上的需求更高。它們在前端需要裝備攝影鏡頭、麥克風與感測器，以便捕捉消費者的身體活動狀態，比如對方是否在走路、走得多快、是朝著機器人走來還是離開機器人。它們的後台則需要有網路連接和資料存儲功能，以及足以接觸、蒐集、分析互動對象個人資料與社會背景的分析能力，以便實時與消費者進行互動。目前的機器還很難做到手眼足協調跟手指靈活度。所以說，現在我們已經有了很多商用機器人，比如 Kuri

（美國研發的家庭陪伴機器人）、Pepper、索尼的電子寵物狗AIBO跟美國麻省理工學院的 Jibo 等，但它們沒有一個能可靠地接手大部分家務工作。

另一方面，如果具身機器人的功能不必與人類有實體互動，那它們也就不必有人形外觀。舉個例子，旅館的客房清潔機器人就不必長得像人，因為它們做的是鋪床吸地等機械性後台工作，而非與顧客互動交談。Roomba 是最早普受歡迎的掃地機器人，而它單純就是個圓型的吸塵機器人，沒有必要長得像個人類清潔工。近年由於疫情氾濫，配送機器人成為一個不錯的選項。當我們要開始避免人與人的接觸，那就連跟外送員拿餐都變得不安全（因為我們還是得開門，從外送員手中接過餐點，有時還得簽名或付款）。位於柏克萊大學校園附近的新創企業「奇異果園」使用超過六萬台送餐機器人（大小約等於一個早餐籃，上面裝備機載電腦與六個攝影鏡頭）來執行送餐任務；顧客反應十分良好，因為他們相信機器人送餐比人力送餐要更衛生。

機器內建式

大多數機械人工智慧都是內建式，不像具身機器人有個實體模樣，而是作為應用程式在後台進行操作。虛擬個人助理和聊天機器人都是常見的機器內建人工智慧。消費者會使用亞馬遜的 Alexa 和谷歌的 Google Home 等虛擬個人助理來處理日常生活，不再需要用到滑鼠、鍵盤跟螢幕等設備。我們可以開口隨便對Alexa問一個簡單問題，Alexa就會去網路上搜尋答案。我們也可以遠程命令 Google Home 把家裡的燈關掉。這些個人助理沒有人型軀體，卻能替消費者處理日常生活，讓消費者把注意力放在更重要的事情上。

有不少服務供應商，他們會利用各種看不見的內建機械人工智慧應用程式來自動化地提供服務、進行服務，例如網路銀行（提款存款轉帳等功能，但不包括財務計畫）、網路客服，或是虛擬個人助理。網路客服廣泛使用內建人工智慧，舉個例子就是機械智慧層級的文字聊天機器人，它會利用文字跟顧客進行互動。這種東西更像是一個機械人工智慧版本的電話客服，但顧客是用文字而非聲音在跟聊天機器人進行互動。機械智慧層級的文字聊天機器人能大幅提高效率，它可以同時處理大量顧客提出的常見問題，且不需要擁有實體外觀。通常，公司行號還是會在網頁上放一張人像（通常是女性），讓顧客覺得自己在跟人類互動。這類聊天機器人也能以音訊為基礎，來跟顧客進行類似真人之間的語音對話。在我們看來，音訊聊天機器人算是情感人工智慧，因為它需要更先進的機械學習才能運作；這點我們會在第十三章〈情感人工智慧〉討論。

機械人工智慧：取代與增強

機器可以是人類的朋友，也可以是敵人。人類發明機器的動機都是要增強人類能力，讓人類做原本做不到的事，或是減低人類需要付出的心力；但只要機器表現超越人類，人類就可能被淘汰。機械人工智慧擁有學習、調適以及從其他相連結的機械學習的能力，它能將生產過程自動化，排除非技能人類勞工的參與。這個情況有時被稱為「工業 3.0」，也就是**電腦化**導致生產達到自動化。

在思考經濟裡，我們可以看見機器既取代人類也增強人類。一方面，機械人工智慧取代非技能製造業勞工，強迫工人轉移去服務業（再技能化）。現代智慧型工廠的生產線上很少見到人類勞工，因為生產過程已經全面自動化，所以原本的工人都被機械臂取代。機械人工智慧與非技能人類勞工相比之下有個優勢，就是它的表現極其恆常（而人類勞工會因疲勞或換人而改變工作表現），且產量極高（少數機器就能製造大量產出，且生產投入的兩個因素〔勞力與機器〕由此變成一個因素〔只有機器〕）。

另一方面，機械人工智慧能接手規律性、重複性、行政性質的工作，讓人類能專心進行思考（技能提升）；這樣的話，思考性勞工就獲得增強。當機械人工智慧負起「動手」的工作，人類的思考就更受重視。人類勞工從工廠移往辦公室，經濟也從製造業轉為服務業。這種雙重性（取代製造業勞工並增強思考性勞工）經常引發「機器到底是取代人類還是增強人類」的辯論。

經濟學家如奧托與多恩觀察到電腦化（即機械人工智慧）將非技能製造業勞工推往非技能服務業崗位，導致美國勞力市場兩極化。[2] 換句話說，機械人工智慧為服務經濟奠基。思考經濟本質上是服務經濟，它不以生產商品為本，而是以提供各式各樣無形的服務為基礎。很多公司都經歷過這番電腦化導致的服務性質轉變。我們二〇一四年發表於《行銷科學》的文章中有談到，資訊科技的進步如大數據、雲端運算與移動通訊導致客戶資料變成隨處可得，這讓商家能做到更好、更個人化的服務，且最後造成經濟中服務業的擴張。[3]

機械人工智慧怎樣把我們的經濟從實體經濟變成思考經濟？我們認為整體就是機械人工智慧取代製造業非技能勞工，同時又增強服務業技能勞工。下面我們會更詳細說明這個預測。圖 2.1 呈現此一機制如何運作。

取代製造業非技能工人

當我們用機械人工智慧來把製造業非技能工作崗位自動

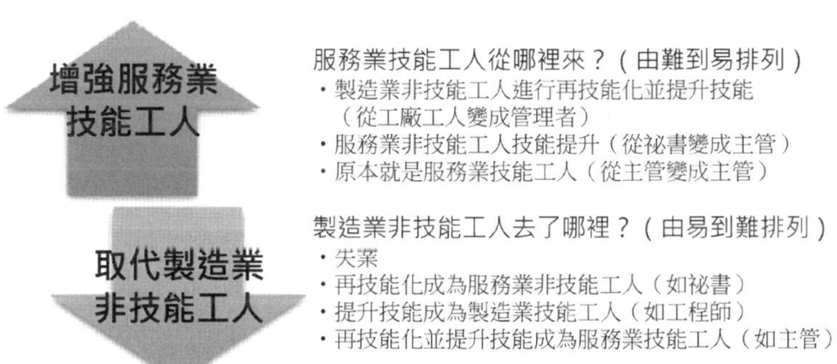
增強服務業技能工人
取代製造業非技能工人
服務業技能工人從哪裡來？（由難到易排列）
・製造業非技能工人進行再技能化並提升技能（從工廠工人變成管理者）
・服務業非技能工人技能提升（從祕書變成主管）
・原本就是服務業技能工人（從主管變成主管）
製造業非技能工人去了哪裡？（由易到難排列）
・失業
・再技能化成為服務業非技能工人（如祕書）
・提升技能成為製造業技能工人（如工程師）
・再技能化並提升技能成為服務業技能工人（如主管）

圖 2.1　機械人工智慧影響勞動力的雙重機制（來源：作者自製）

化，思考經濟裡就發生了「取代」。在這情況下，我們會看見智慧型工廠裡沒有一個現場工人，生產線全部自動化，只使用機械人工智慧。於此，人類作為經濟投入的重要性被機器取代，也就是說要縮減非技能工人並增加投資資本才能提高生產力。失位的製造業非技能工人有幾條路：（1）失業，造成社會問題；（2）再技能化成為服務業非技能工人，例如去當服務生或辦公室祕書；[4]（3）提升技能成為製造業技能工人，例如取得理工科學位成為工程師；或（4）提升技能且／或再技能化成為服務業技能工人。上面這幾個選項的實行難度是從低到高，因為提升技能需要長時間訓練與接受高等教育，這對不少非技能製造業工人來說是個障礙。第三條路比較簡單一點，但發展潛力或許不如第四條路，因為這類工作將來過不久也會被思考機器取代（這點我們會在第三章〈情感經濟〉討論）。於是，就像奧托與多恩所記錄的現象，大多數製造業非技能工人都變成了服務業非技能工人。

增強服務業技能工人

當我們用機械人工智慧來把服務業非技能工作崗位自動化，思考經濟裡就發生了「增強」。如果服務業裡愈來愈多非技能工作被交給製造業非技能工人（情境性的服務工作如餐廳服務生）或機械人工智慧（規律性、重複性的工作如從 ATM 提款、使用機場或旅館的自助報到機，或從互動式資訊服務站取得資訊）來執行，那原本的服務業非技能工人就必須提升技能，以便成為服務業技能工人。服務業崗位未必高度倚重情境，工作內容也未必具有高度異質性，所以很多規律性、重複性的服務工作可以由機械人工智慧執行，例如旅館的自助報到機、清潔打掃、吸塵，以及辦公室裡的行政事務。當這些規律性、重複性的服務工作都讓機器接手，那服務業的非技能工人（如祕書）就必須提升技能成為服務業技能工人（如主管）；這樣的話，這些服務業技能工人可以用機械人工智慧增強（如祕書工作自動化，又如主管利用 Google 日曆來規劃每天行程），以便專注於更高等級的思考與情感工作。至於原本就是服務業技能工人的人，他們當然也可以同樣用機械人工智慧增強，讓自己變得更有生產力。

這個增強與取代的雙重機制同時進行，取代製造業非技能工人，增強服務業技能工人，讓思考經濟得以興起。

思考經濟的特徵是什麼？

如果我們說實體經濟已成過去（至少在已開發經濟體是這樣），那思考經濟就是正如日中天。我們處在思考經濟時代，人類勞心、機器勞力。思考經濟的特徵是：（1）「頭腦聰明人」（現在經常是女性，當然也有男性）比「肌肉發達男」擁有優勢；（2）經濟活動的最大宗是「提供服務」與「消費服務」；（3）所得分配通常會變得較不平均，但平均薪資通常也會提高，因為服務業技能工人需要接受更高等的教育以取得必須的全套技能。問題只在於不是每個人都有能力或有機會這樣做。最後，（4）理工科工作崗位一定有高薪，所以會比技能需求低的崗位更吃香。

「頭腦聰明人」的天下

對比於實體經濟的「肌肉發達男」，思考經濟裡價值最高的經濟投入則是人的腦力（不是肌肉力量）。這對人類體型也有影響，現在體格力量不再是高價值的經濟投入，「肌肉發達」不再受到需求，而主流勞動力「頭腦聰明人」通常被塑造為刻板印象的體型消瘦電腦阿宅。[5]《紐約時報》甚至還報導「腦力肌力戰」這類活動，表示當肌肉跟心智同時被強調，像是一邊健身一邊專注思考，則腦力通常會勝過肌力。[6]體格力量較不受注重之後，女性就比較能與男性平等競爭，於是女性能獲得的利益大幅增加。進入情感經濟後，女性獲利程度會進一步飛漲，這點我們會在第六章討論。第一章的圖 1.2 就把中央的「頭腦聰明人」畫成身體瘦、心小，但腦子很大。

服務業成為主流

在思考經濟裡，服務業是經濟最重要的部分。服務業工作崗位是坐辦公室的、動腦的、白領階級的工作崗位。前面討論過的雙重機制使得思考（服務）經濟得以擴張，創造出奧托與多恩所記錄的服務業兩極化現象。意思是說，製造業非技能工人變成服務業非技能工人，導致服務業非技能勞工就業數量提升；另外，機械人工智慧接手非技能服務業工作，增強服務業技能崗位。服務業的非技能與技能部分都擴張了，導致服務業就業兩極化。這樣，服務業勞動力（包括非技能勞工與技能勞工）就成為思考經濟主流。不過，奧托和多恩卻沒有觀察到，服務業裡非技能這部分的成長並不平均，只有情境性的工作崗位數量增長，而非情境性的崗位則可以用機械人工智慧來自動化；這情況符合依據我們理論所做出的預測。

財富不均

一般而言，人類不是天生擁有思考智慧，通常都需要接受長年訓練與高等教育才行；這跟機器設備讓製造業非技能勞工大規模參與勞力市場的情況形成對比。在實體經濟裡，大多數男性都能在工廠找到工作，甚至包括較缺乏技能的人。但在思考經濟裡，高等教育能夠換來高薪，但較少人能在這條技能提升的職業之路上取得成功（相對於實體經濟裡大部分人能進工廠的情形）。這導致所得分配變得較不平均，思考性技能工人賺的錢遠超出非技能工人（包括負責生產製造與負責思考的）。既然思考性非技能工人數量應該會比思考性技能工人要多，我們可預見經濟裡會出現更明顯的所得不均。

理工科工作崗位最吃香

思考經濟裡，接受科學教育可以換得高薪，而高薪又反過來鼓勵一般人以理工科如工程、電腦科學或數學為主修。這就讓科學教育成為高等教育的主要部分。某些亞洲文化裡有「虎媽」或「虎媽式教育」的說法，指父母以專制態度努力將資源供給孩子，教導他們在行業裡出頭；而這些行業通常指的就是電腦科學和工程等「硬」科學，因為工作薪水高。如果小孩想走「軟」科學的路，例如藝術人文，那他們通常會跟雄心勃勃育兒的雙親產生衝突，因為一般認為這類行業薪水較低，甚至不好找工作。在美國，理工科（包含科學、科技、工程、數學）教育蔚為主流的情況也反映相同思維——在思考經濟裡，只要走科學的路就能確保高薪。

機器能在思考工作崗位上取代人類嗎？

人類目前在思考工作崗位上做得很好，但他們該不該擔心有朝一日被人工智慧比下去？觀點很兩極。悲觀者認為，就連思考工作崗位將來都會落入機器之手。我們二〇一八年在《服務研究期刊》發表文章討論人工智慧在服務業的應用，裡面提出一個人類被取代的情況，並使用分析模型來呈現：當機器智慧從機械智慧進步到分析智慧、直覺智慧，再到共情智慧，則機器將會占據更多工作崗位——最早被取代的是機械性工作，再來是思考性工作，最後就連共情性工作都可能落入擁有真實情感的機器之手。[7] 我們會在第十三章〈情感人工智慧〉討論這點。一旦這個「奇點」出現，那大概再也不會有任何工作崗位留給人類。最糟糕的情況是人類不復存在，因為機器各方面的智慧都勝過人類，導致人類成為多餘。我們會在第十五章更詳細討論未來這些可能性。

樂觀者則認為，機器是被發明出來幫助人類的，所以機器永遠無法取代人類。過往文獻對於機器如何增強人類已有非常充分的討論，因為人類比較願意從這方面去看事情。這種「認定機器總之不會勝過人類」的態度雖反映樂觀者對機器的看法，但也可能只是目光短淺狹隘的人類中心觀點。樂觀者提出各種可能性，表示機器可以怎樣幫助人類自身更上一層樓。舉例而言，美國管理理論家馬能說機器可以扮演的角色有（1）物理工具，如槌子或割草機；（2）類似人類助手的協助角色，幫人做事；（3）同僚，像是一起工作的同事；以及（4）經理，跟人類管理者一樣指導我們該做什麼。[8] 美國資訊管理專家戴文波特與柯碧則告訴我們：我們應該要往上走（例如成為品牌經理）、往旁邊走（例如發揮創意）、往內走（例如成為定價專員）、往窄處走（例如成為「汽車彩繪」高手），或往前走（例如成為數位創新者），這樣才能給自己增加價值，超越在自動化之上。[9] 以上都是大思想者提出的絕佳建議。

機器設備增強工廠裡的非技能工人，讓製造業更具生產力；同樣的，機械人工智慧（即資訊科技的利用）也能如前所述增強人類思考（服務業技能工人）。既然機器設備與資訊科技都能增強人類，這讓一般人相信無論機器如何改變，人類（包括缺乏技能與擁有技能的人）都會繼續用機器增強。人們還提出各種理論來強化這個玫瑰色的信念。我們在資訊系統這方面的文獻裡可以看到，「決策支援系統」是個很重要的研究領域，研究資訊科技怎樣在各種情況下用來支援人類決策。然而，這幅玫瑰色景象卻可能被人工智慧打破，因為人工智慧的特徵就是自我學習跟連接網路。當人工智慧能夠逐漸進行學習調適，當人工智慧已經不再是一台又一台孤立機器（意思是它們擁有集體智慧而能彼此學習），則「人工智慧永遠只會為人類服務」的假設或許就變得不現實了。要知道，機械人工智慧是設計為僅有有限學習能力。一旦人工智慧進步到思考層級（而這正是今天的發展趨勢），或許就會粉碎我們原本的美好想像——人工智慧只會幫助人用更聰明的方式思考。

要討論這個課題，我們必須回到原本的四重智慧觀點，也就是我們二〇一八年發表在《服務研究期刊》的文章。我們在文章裡將思考智慧區分為二。

分析智慧

這是思考智慧的基本層級。分析人工智慧主要以「大」數據為基礎，以此有系統地進行學習或調適；這是當前思考經濟下的主流人工智慧，以機械學習為最主要的學習方式。機器可以學習任何能程式化的東西。從常識或直覺的角度來看，分析人工智慧不算非常聰明，但它以可負擔的成本發揮強大運算功能，讓它成為分析數據的超級利器，遠超出人腦所能處理。我們看到人工智慧在西洋棋或益智問答節目中取勝，甚至擊敗人類世界冠軍。這些遊戲都是以規則為本，每一步的可能選項是有限的（雖然這些選項的數量或許極其龐大，大大超過人腦所能負荷），所以分析人工智慧只要輸入該有的數據就能輕鬆進行處理。

直覺智慧

這是思考智慧的進階層級，也是思考人工智慧到情感（即共情）人工智慧的過渡層級。它基於理解而進行學習與調適。「理解」一詞在此是指從有限數據（即「小」數據）中學習，例如常識或直覺。常識或直覺不是以規則為本，因此它們非常難以程式化。當前的分析人工智慧是以機械學習為主要手段，但這對直覺智慧來說可能就太「機械化」了。本書開頭談到圍棋這種遊戲，它就比較接近直覺性的思考層級。目前許多電腦科學家正窮盡精力在開發這個層級的人工智慧，目的是要發展出有能力做常識推理的人工智慧。[10] 要做到這點，人工智慧必須能夠應用知識（相對於單純分析數據）來解決它從未遇過的新問題。在這個脈絡下，「理解」一詞也表示人工智慧必須擁有「知識」來理解新狀況。以這兩種思考智慧而言，人跟機器各有各的優勢；目前機器以計算和分析思考見長，人類則較具有直覺與常識。從這兩種思考智慧出發，對於「人類能否繼續勝過分析人工智慧」這個問題，我們認為前景並不看好，因為各種證據都指向一個結論，那就是分析人工智慧將來只會隨著計算能力持續增加、計算成本持續降低而愈來愈強大。雖然分析人工智慧這邊令人感到悲觀，但我們對人類在直覺智慧這方面繼續勝過機器還是比較樂觀的，至少這能支撐較長時間。從分析智慧到直覺智慧的進步並非線性，而當前人工智慧的機械學習方式也未必能讓人工智慧達到直覺智慧層次。

經濟成果：個人化

「個人化」是思考經濟的最大好處（也是經濟產出的主要驅動力）。相對於實體經濟的標準化，個人化是依據不同消費者的不同偏好來提供不同事物。它的背後預設是每個消費者都有不同偏好，且都喜歡被當作獨立個人對待。這跟實體經濟的大量生產、大眾媒體時代天差地別。一般人不再樂意從眾，不想跟別人消費同樣的東西（就算有，至少也不會是奢侈品）。反過來，新的哲學風潮是「與眾不同」，就像蘋果電腦最著名那句廣告詞 Think Different「不同凡想」。

從二十世紀以來，人們早就認知到個人化的利益，但卻缺乏做到徹底個人化的方法與資源，因為成本實在太高。比方說，如果每個顧客都有自己專屬品牌，那不是很好嗎？但這麼多品牌的廣告成本加起來會嚇死人。高昂成本也可能是因為要辨識每個消費者不同偏好，或是提供個人化的不同產品，這兩者都有其困難性。在服務經濟裡，「提供個人化的不同產品」比較不成問題，因為服務本來就是依每個消費者而有不同內容。至於前一種困難則可以用分析人工智慧解決。分析人工智慧是一股很強的驅動力，它非常善於從大數據裡辨識出特定模式、將事物加以分類，而這些數據資料可以是文字、圖像或聲音。回頭想想機械人工智慧取代製造業非技能工人與增強服務業技能工人的雙重機制，相比之下，分析人工智慧比較不能取代製造業非技能工人，但更能增強服務業技能工人。舉個例子，「經理」這種工作崗位就可以受到機械與分析兩種人工智慧加強；機械人工智慧自動規劃每日行程（如Google日曆），分析人工智慧則提供分析輸出給經理，作為他決定策略的基礎。

由於分析人工智慧擅長辨識模式，個人化就成為它所帶來的主要利益。舉例而言，Netflix是依靠機械學習來決定要推薦什麼電影給個別用戶。這種個人化涉及兩種機械學習系統：一種系統用來分析個別用戶看電影的模式（對方喜歡與不喜歡哪些種類），另一種系統用來給出推薦電影（要推薦什麼給該名用戶看）。在思考經濟裡，以大數據輸入、機械學習演算法與模型為基礎，幾乎任何事物都可以個人化。當我們前往亞馬遜網站，我們馬上就會被網站辨識出來，這可能是因為我們執行了「登入」的動作（網站會鼓勵我們註冊登入來看個人化的推薦），也可能是我們在網站上的瀏覽活動被當成依據而得出辨識結果。接下來，我們就會看見一份推薦產品清單，像是「其他瀏覽（買了）這項商品的人也看了（買了）這些商品……」。

結論

人類要怎樣才能在思考經濟裡存活並活得好？換句話說，人類面對人工智慧的獨特優勢在哪裡？看起來，人工智慧一定會擔負起更高比率的分析性思考工作，但人類在直覺性思考工作這方面可能還擋得住人工智慧（至少一段時間）。將這兩種思考智慧區別開來，我們就可以弄清楚機器的長處在哪裡。當前的機器是分析思考的健將，所以我們身為人類就不該在這方面跟它們硬碰硬（想想那些慘敗在人工智慧手下的西洋棋與圍棋大師），不必逼自己像電腦一樣思考。反過來說，目前的機器對直覺思考還不拿手，所以我們可以自在地用直覺來思考（就算不是百分之百理性也行），然後引用資料分析來支持我們的直覺。當分析思考被機器給自動化的時候，人類就該強調直覺思考。

第三章

情感經濟

人工智慧會接手愈來愈多思考工作，最後甚至包括直覺性的思考工作；到時候，人類就會發現自己最大也最佳的用處是在感性、共情和人際關係這方面。那就是「情感經濟」，也就是人工智慧專職思考而人類專職情感的經濟型態，而我們會身處其中。目前我們還沒進展到那個地步，但趨勢已經很明顯，且有實徵資料支持。依據當下情況改變的速度，我們預計情感工作崗位對人類勞工的重要性將在二〇三六年超過思考工作崗位。

情感是生理的，且並不限於人類。狗（喜歡其他寵物的人可自行代換成任何物種）也有情感，雖然牠們只擁有兩歲人類小孩的思考智慧，但牠們的陪伴能讓主人倍感愉快。嬰兒餓了就哭，看到媽媽就笑，這不是學習得來的。對生物來說，情感是天生，不必經過有意識的學習。只有當我們長大後，我們才要學著控制情緒，因為某些情緒在某些場合可能並不恰當（例如在課堂上擺出一副無聊的樣子就很不禮貌），或發作情緒可能導致惡劣結果（一個人如果在路上對其他駕駛發怒，他可能搞得自己開車也開不好，或在極端情況下甚至造成衝突）。

至於機器，機器沒有自然而然的感情。儘管有不少人在這領域積極進行研究，但不論是理解情感，或是形成情感性的反應，這對人工智慧來說都非常困難。有朝一日，機器很可能具備夠水準的情感智慧，到時人類在情感方面就無法繼續保有優勢。我們會在第十四與十五章討論這種可能性。不過，我們還要先經過一段大概長達數十年的時間；在這期間，人類最佳出路就是讓自己在情感智慧與人際關係這些部分出類拔萃。本章會解釋情感經濟的基礎，以及它對人類社會的意義。

生物智慧 vs. 機器智慧

本章開頭著重呈現生物與人造物的區別，只有生物擁有生物智慧，其中包括以直覺進行思考的能力，以及基於生物學原理產生情感的能力。這是因為生物擁有的大腦、心臟與神經系統能將物理和化學法則連在一起。當我們感到生氣，我們的面部表情也會顯露怒意，心跳會加速（生物反應），且會想去做些什麼來消除那個讓我們不高興的因素（行為）；這一切都由我們的神經與化學系統連結起來。

人類和其他動物都表現出生物智慧。生物智慧與生物對外來刺激的生理反應有關，牠們藉此適應外在環境。神經科學這門學科就是在研究生物獨具的神經系統之結構與功能。[1]

動物心理學家試著將動物智慧與人類智慧相比較，得出的結論是：就算人類以外的動物表現出類似人類的智慧行為，但這些動物也未必會視為智慧生物，因為牠們習得這些行為的方式可能與人類學習有所差別。[2] 動物心理學家利用實驗建立起某些著名的心理學原理，例如巴甫洛夫的「古典制約學習」[3] 和史金納的「操作制約學習」[4] 都在講動物怎樣依據正面和負面情緒而習得某些行為（趨近行為或避免行為）。

情感經濟是什麼？

生物與人造物的差別呈現出機器無法以生物方式體驗情感，但這話意思不是要否定「機器可能用機器的方式來擁有或表現感情」。我們看過各種機器與人類進行情感互動的實用例子，如客服聊天機器人，或是模仿人類進行對話的對話機器人。Replika 是以機械學習為基礎的聊天機器人，它能仿效消費者的溝通風格來提供對方情感慰藉；經過幾個月訓練後，消費者通常會感覺到這部聊天機器人真正了解自己各方面感受（也就是機器似乎展現出共情能力）。Replika 用的是機械學習，無法真實理解消費者的情感，只是「複製」消費者的溝通方式；所以說，讓聊天機器人接受訓練後，消費者其實是用自己的方法在跟自己對話。消費者對聊天機器人愈暢所欲言，則聊天機器人就愈能貼近消費者的溝通風格。話說回來，這些應用程式只是機器在「表現」類似人類的情商，並不是在「體驗」人類情感。

由於生物學原理，今天的機器大致受限於思考智慧領域。然而，當思考人工智慧持續進步，從分析能力往直覺能力推進，則人類原本在思考領域的任何優勢都會更被壓縮。機器在分析思考這方面的進展不會停步，只要機器具備了直覺思考能力，那人類勞工就只剩下以生物為基礎的智慧這項優勢，也就是說人類必須移往情感性的工作崗位。這就是為什麼思考人工智慧會導致情感經濟興起。人工智慧的能力目前正擴大到機械思考之外，朝向分析思考進步，最後甚至能達到直覺思考。如果多數思考工作都由人工智慧接手，那人類勞工就更要轉向注重人際關係與共情的工作。這是情感經濟興起的主因。

在情感經濟這種經濟型態裡，人的就業與薪資會更與情感性的工作內容、工作崗位掛勾。以特定工作崗位的工作內容來說，情感／共情的工作如與人溝通、建立並維持關係，以及影響他人，這些屬於「軟性」工作內容。要做好這些事，人類勞工必須擁有高情商與高超的軟性、社交與人際技能。在思考經濟中，人際技能的價值不如「硬性」技能。情感經濟是「軟性」的服務經濟，相較之下思考經濟就是「硬性」的服務經濟（如工程師）。在情感經濟之下，注重軟性技能的服務業工作崗位將會蓬勃興盛（如行銷專員）。

情感經濟的特色是人類負責情感工作、機器負責思考工作，而這可能讓目前的社會秩序顛倒過來。比如說，眼下在思考經濟中占主導地位的群體（如白人與亞洲人），可能就會發現自身優勢在情感經濟裡降低了。至於某些傳統上較不具優勢的群體（如少數民族與女性），可能會發現自己在情感經濟裡不再是弱勢者，且其中一些群體（如女性）的地位甚至可能大幅躍昇，這部分我們會在第六章加以呈現。

機器怎樣思考？

當機器的各種思考能力（分析性與直覺性）都勝過人類時，人類就該放手交出思考工作。我們在第二章〈思考經濟〉介紹過機器思考智慧的兩個層級——分析性與直覺性。當前，機器正迅速朝著直覺思考在進步，而這是一個很重要的指標，表示情感經濟來臨的速度會有多快。事實上，情感經濟將會逐步興起，且實證研究顯示這過程已經在進行了。

如果要做出直覺人工智慧，關鍵就在怎樣讓機器學會思考。通往思考智慧的路有兩條：人類的或機器的。電腦科學家曾試圖設計出以人類方式思考的機器，目前也還在努力，但直至今天仍不算成功。反過來，現在機器都是設計成以機器方式思考。到底哪種方式較佳，以及機器究竟能不能設計成以人類方式思考，這些我們都還沒有定論。當機器設計成以機器方式思考，這就是用「機械學習」來做到智慧（如 Replika 的例子所示）；如果機器設計成以人類方式思考，那就是用「理性」來做到智慧。我們下面會介紹這兩種學習方式。

對應法

對應法是現代機械學習使用的方法。在這個設計下，機器能回答問題，但卻不知道自己是怎樣得出答案，或甚至完全沒有能力做解釋。奇怪吧？但事情就是這樣。大多數現代機械學習都使用類神經網路（模仿生物神經網路的計算系統）來將輸入資料加以對應分類成為輸出模式。在這過程中，機器不需要擁有知識，只需要大數據、計算能力，以及正確的演算法與模型，就能夠回答問題；這個對應機制運作起來可以非常強大，能生成看似具有智慧的輸出。舉例來說，AlphaGo 下圍棋的方法跟人類圍棋大師不同，它是從過去無數次棋局中學習，然後得出取勝機會最大的策略，而它並不了解這些策略為什麼在特定情況下能贏得棋局。現實世界有一個好例子，就是二〇一五年艾倫人工智慧研究所舉辦的全球人工智慧設計大賽，參賽者必須設計出人工智慧來回答國中二年級科學多選題。這些題目涵蓋的知識領域很廣泛，但每題都有標準的四個選項。結果，前三名贏家沒有一個是訓練人工智慧去理解這些問題（像人類智慧那樣），反而都是利用各種資訊檢索方法來推測哪些答案比較可能正確。冠軍得主依照問題性質（如問題長度、答案形式、各選項之間關聯）結合十五種模型，亞軍隊伍主攻問答相似度，季軍隊伍則是把答案選項 ABCD 變換成所有可能的配對。[5]

這種針對思考智慧的研究取徑造就著名的「圖靈測試」，也就是不去管機器怎樣思考，只要讓所得結果看起來跟人類思考成果一樣「智慧」就行。這裡所表現的智慧是分析層級而非直覺層級；如果讓機器面對一個新情況，超出它過去用來學習的資料範圍，它可能會處理得亂七八糟。舉個例子，很多以機械學習法為本的人工智慧模型都在新冠肺炎疫情期間錯誤百出，因為整個情況史無前例。

理性推論法

理性推論法是要把機器設計成具有知識，並能應用知識來回答問題（即「理性推論」）。這是人類的思考方式。如果要對未知的、新的環境做出反應，這種學習方式就很重要。我們不是只從歷史中學習，我們還需要從直覺與常識中學習。

早年的「專家系統」這類應用程式試圖在電腦系統裡表述並使用專家知識。可惜，這種方法表現不佳，未能達到期望。依據電腦科學家達爾維奇的說法，在人工智慧研究與應用發展的早期，人們試圖設計出可進行認知推論的機器，但卻遇到瓶頸，因此造成好幾次「人工智慧嚴冬」（意即這種學習途徑相關研究的贊助與資源大多被撤出或中止）。[6]這條路最終如果成功，可以預見它會導向直覺機器智慧，也就是讓機器可以回答「為什麼」而不只是「是什麼」的問題，讓機器能應用學得的知識來處理新情況，且能做整體性的學習（即直覺與常識）來解決一般問題（即「強人工智慧」，擁有人類智慧完整光譜的人工智慧），不再只是把輸入資料對應成為輸出資料（即「弱人工智慧」，極其擅長特定工作的人工智慧）。此外，這樣的機器還能「體驗」情感（即擁有類生物反應與類意識），不會只是用「好像有感情」的方式在對應情感資料。

思考機器可以是分析性或直覺性

機器智慧的兩種取徑造就我們在第二章介紹過的兩種思考人工智慧：較低層級的分析人工智慧和較高層級的直覺人工智慧。分析人工智慧有能力處理並合成大量資料（即「大數據」）並從這些資料學習，它主要應用的方面就是機械學習與資料分析。分析人工智慧是「弱人工智慧」（或稱「狹義人工智慧」），設計來處理特定狹窄領域的工作，可以做得非常好。「國際商業機器公司」IBM 製作的西洋棋電腦「深藍」就是一例。資料密集或資訊密集的工作需要這種層級的智慧才能處理。

直覺智慧層級較高，它是做出創造性思考、有效調整適應全新環境的能力。人工智慧研究文獻稱直覺人工智慧為「強人工智慧」或「通用人工智慧」，表示這種人工智慧是設計來模擬廣泛的人類認知，能以類似人類孩童的方式進行學習（但因為擁有計算能力與網路連接，所以學習速度會比人類孩童快很多）。如果人工智慧要表現出創造力，則非得達到這種智慧層級不可。

以情感經濟而言，這兩種思考智慧的差別是很重要的，因為通往情感人工智慧的一個重大關卡就是「讓機器憑藉直覺與常識來做決定」。許多電腦科學家都認為這是人工智慧發展的瓶頸，由此人類得以繼續（至少延續一段時間）保有情感與共情方面的相對優勢。

此外，這差別在情感經濟裡還有一個意義，那就是智慧層級較低的分析人工智慧可以增強情感非技能工人，層級較高的直覺人工智慧則能增強情感技能工人。於是，這兩個層級的思考人工智慧就能用來同時加強低端與高端的情感工作崗位與工作內容。

這下我們就要問了，日常生活裡不是已經有很多像是有感情的智慧機器嗎？比如日本 Gatebox 公司開發的全像人工智慧老婆，似乎就可以跟她的人類老公順利互動、溝通，還很能了解對方呢。對話式人工智慧可以用文字、聲音和影像來提供客戶服務；情感性的線上應用程式能模仿我們講話風格，給予我們情感慰藉。的確，現在有大量的應用程式都像是情感人工智慧，但它們其實是輸入了情感資料的分析人工智慧，用機械學習對應作為模型。這說到底還是對應法，只不過輸入的是情感資料。

情感工作崗位數量增加的機制

兩種思考人工智慧的差別，機器模擬人類智慧的方法，以及人類情感的獨特性，這都顯示出機器與人類分工的自然法則：機器負責思考，人類負責情感。

在這情況下，人類勞工必須從以下三種可能的技能策略中選擇一種，以便維持他們在情感上的相對優勢，繼續在經濟裡保有立足地：（1）再技能化，從製造業與思考非技能工人轉變為情感非技能工人；（2）養成多元技能，讓自己同時具備思考與情感兩方面能力（思考性技能工人也需要情感技能）；以及（3）技能提升，從情感非技能工人提升為情感技能工人（增進情感技能以便在情感工作崗位上表現更佳）。圖 3.1 呈現情感工作崗位數量增加的機制。

製造業／思考非技能工人變成服務業非技能工人

要達成這種轉變，勞工必須再技能化。再技能化就是讓勞工去學以前不會的新的技能組。這不牽涉到技能提升，而是去學相同技能等級的不同東西。製造業非技能勞工與思考性（服

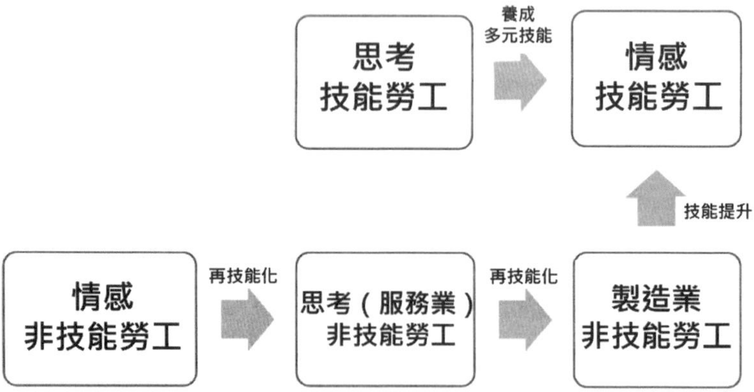

圖 3.1 情感工作就業人數增加的機制（來源：作者自製）

務業）非技能勞工若想在情感經濟裡存活，則必須接受再技能化。

製造業非技能勞工，以及思考領域的服務業非技能勞工，都可藉由習得新的情感技能而移動往「軟性」的情感服務領域（相對於「硬性」的思考服務領域）。從這角度看，我們注意到不少製造業非技能工人已在思考經濟中再技能化成為「硬性」的服務業非技能工人（即思考領域的服務業非技能工人，如辦公室與行政支援），就像第二章所討論的那樣。所以說，現在最主要的移動就是服務業思考非技能工人再技能化，成為服務業情感非技能工人。這類情感性的非技能服務業工作內容可以只涉及簡單規律的情感智慧，例如餐廳服務生必須表現適切情感來回應客人、服務客人，但這份情感不必真實也不必深刻。服務業前線雇工是典型的實例。這裡的再技能化有個隱憂，假設我們認為腦與心是兩種分開的智慧，一個人可能對其中一種拿手，但對另一種很不拿手，那麼思考工作者就未必能夠自然而然重新學好另一門技能。話說回來，情感智慧在思考經濟裡受到打壓，這對那些自然擅長情感的人也不公平。這裡要說的是，在情感經濟之下，我們的教育應該提供情感智慧方面的訓練，就像過去在思考經濟裡提供思考智慧訓練一樣。我們會在第八章更進一步探討這點。

有一種最典型的例子，就是工廠工人或辦公室祕書改行成為前線客服人員。相對來說，接電話、依據標準化指導手冊回應顧客問題，這些訓練起來都不難，因為它們不牽涉到深刻的情感工作。這種情況下工人再技能化可以學得很快，因為他們是從非技能到非技能，只是改變技能進入不同領域，不是增進技能來換一個薪水較高的工作崗位。既然這些工作崗位不須高深技能，再技能化所需時間就比技能提升（下面會討論）要短。然而，要知道，只要我們把適當的情感資料輸入機器，就能讓機械人工智慧和分析人工智慧輕鬆接手這類工作。所以說，這條改行之路應當是比較好走，但也比較不是長久之計。

情感非技能工人提升情感技能

提升技能，增進情感技能，從非技能工人變成技能工人，這樣就能獲得較高階的情感工作崗位。對人類勞工來說，如果想要在情感經濟裡維持競爭力，則技能提升是一條很重要的路。既然分析人工智慧已經開始取代情感非技能工作崗位（如客服人員），而未來情況想必只會愈來愈嚴重，那麼就連情感類的工作人員都必須提升自己的情感技能。比方說，很多汽車保險公司會用車內追蹤器（如電傳設備）來追蹤駕駛的開車習慣與情緒狀況（例如對方是否疲勞駕駛、酒駕或危險駕駛），以此決定保險費要收多少，取代過去的人工評估。我們可以預料，將來會有更多情感非技能工作崗位被分析人工智慧接手；這樣的話，就連情感類的工人都需要提升共情技能，才不會丟掉工作。技能提升需要花費更多時間才能成功，因為從非技能工人提升到技能工人要投入時間，且這條路更難走，最典型的方式就是接受正式教育。這表示我們的教育系統也應當改變，從理工科教育轉移到人際技能教育（更多的會在第八章〈教育應該怎樣改變〉討論）。

思考技能工人獲得情感技能

「養成多元技能」指的是一名勞工去學習他當前不具備的別種技能（困難度大約與他已具備的相同），擴張自己擁有的技能組。養成多元技能比較適用於能成功接受共情訓練的思考技能工人。就很多管理級的工作崗位來說，多元技能是必要的，因為工作內容涉及硬性與軟性兩種技能。舉個例子，黃明蕙與王存國在《決策科學》期刊發表文章，將行銷經理比喻為「來自火星」，而 IT 經理則是「來自金星」；這兩種人在很多公司裡都無法和諧相處，導致公司的表現下降。[7]「火星」與「金星」的比喻是要表達這兩類人一種擅長情感技能，另一種擅長思考技能，但雙方都需要養成多元技能，這樣公司的左右兩半大腦才能彼此溝通來提高表現。再舉個例子，業務經理既需要以統計數字為基礎進行調度，又需要去跟其他經理和下屬溝通調度決策。如果一個人只是純粹的電腦宅或數學宅，他的能力就不足以在情感經濟裡存活。思考經濟比較重視思考技能，輕視這類溝通技能，造成許多組織內的衝突。進入情感經濟之後，任何計畫若要成功，絕對不可或缺的就是良好軟性技能。資訊管理學系之所以要從資訊工程學系中分離出來，並訓練學生同時具有管理技能與電腦技能，也是基於同樣的考量。不幸的是，在思考經濟裡，資訊管理這門學科常被嘲笑是二流的資訊工程學，來就讀的學生也大多是在思考智慧方面被資訊工程系篩選下來的人。等到情感經濟時代來臨，這種針對思考智慧的偏愛也會改變。

情感經濟的特徵是什麼？

如果我們說思考經濟是現在，那情感經濟就是可展望的未來。我們還沒真的走到那個地步，但方向已經確定無疑。情感經濟之下，思考人工智慧負責思考，將情感性的工作崗位留給人類。

「情感豐沛女」的天下

在情感經濟裡，我們預測，情感性的高薪工作崗位上（如健康照護與教育）女性數量會多於男性。其實，這些服務產業目前成長速度遠超過製造業，而製造業的發展已經停滯甚至衰落。此外，自動化與離岸外包這兩個因素結合，導致製造業公司使用的人工數量少於過去，這項事實也更加劇了前述趨勢。麥格雷戈在《華盛頓郵報》的報導證實這個技能提升的轉移情況，她的結論是：女性之所以能在就業階梯更上一層樓，是因為她們本來的行政助理工作崗位被機器接手了。[8] 另外，隆恩也依據美國勞工部的資料在《華盛頓郵報》撰寫報導，說二〇〇〇年以來失業情況最嚴重的是製造業勞工、行政助理和辦事員。[9] 這些工作崗位（除了製造業勞工）幾乎都是女性。再看更學術的研究，寇提斯、賈莫維奇和蕭在一份美國經濟研究局的進行中論文裡表示他們發現一個整體趨勢，並將其描述為「高技能勞力市場的男性末日與女性興起」；就是說，從一九八〇到二〇〇〇年這段期間，認知職業與高薪職業對「女性」技能（即社交技能如共情、溝通、辨認情緒以及語言表達）的需求日益增加。他們認為，這是因為社交技能愈來愈被看重。[10] 既然社交技能是特別適合女性發揮的技能，那自我提升技能的女性（跟男性一樣受高等教育）就在勞力市場上占有優勢，因為她們有「先天」的社交技能，且受過「後天」的認知教育。對比之下，男性常必須接受再技能化，以便進入傳統以女性為主的工作崗位，例如護理和教育。

寇提斯等三人做出預測，而麥格雷戈的報導為他們的預測提供資料更新後的版本，並解釋為什麼男性要去做這些傳統視為女人專屬的工作。倘若這些男人不去女性為主的行業找工作，他們大概就會失業；這些人選擇這樣做而能繼續就業，但他們的同僚不願這樣做，於是失業。換句話說，在情感經濟裡，女性藉由技能提升（在情感技能上精益求精）或養成多元技能（接受高等教育以獲取思考技能），而能移動到傳統被男性占據的高薪工作崗位；至於男性，則是藉由再技能化（男性非技能工人學會基礎情感技能）和養成多元技能（思考性質的男性技能工人學會情感技能），而移動到傳統以女性為主的工作崗位。黃明蕙個人是希望這一天趕快到來。雖然黃明蕙與拉斯特共同發表過大量著作，但拉斯特身為男性，身為典型的思考經濟大學教授角色，他經常會是成就比較受肯定的那個；黃明蕙抱怨說，身為女性，就算她常是兩人合作發表論文的第一作者，但她有時還是會被誤認成拉斯特的助理。

關於女性會不會在情感經濟裡出頭，各方觀點不一。某些人擔心機械學習會加重性別刻板印象；這些人相信，機械學習只會強化現有的性別刻板印象，因為機器可取得的學習資料都含有性別偏見，那麼學習結果（特別是增強學習的結果）也會有偏差，導致更嚴重的性別偏見。舉例來講，麻省理工學院媒體實驗室的布蘭維尼與谷歌公司的格布魯對三種商用性別分類機械學習演算法加以評估，發現膚色較黑的女性最容易被分錯類；他們因此敦促商業公司開發真正公平的臉部分析演算法。[11]然而，他們在關切這個議題時卻沒考慮到，其實就是因為思考工作被交給機器，才導致思考經濟特有的刻板印象更被強化。既然愈來愈多思考性工作都交由機器處理，那需要負責思考的人類就會愈來愈少，愈來愈多人會移動到情感性的工作崗位，帶動情感經濟興起。當機器本身具備性別偏見，則那些還待在思考工作崗位上的人可能會更明顯符合性別偏見；這可能更促進思考經濟向情感經濟轉變，因為思考經濟會萎縮得更快（負責思考的機器愈來愈多、人類愈來愈少）。僅餘的思考經濟工作者，也就是那些死硬派的思考者，會更可能符合刻板印象，因為這群人大概最沒有能力理解或做好軟性的「女性」技能。對比來說，那些承認機器思考能力優於人類的人，則會更適合移動到強調情感的工作崗位。

另一個問題是，像「編程女孩」這類運動試圖介入科技教育來減少性別差距，這方向是對的嗎？是應該訓練女孩像男孩一樣思考，還是該讓她們做自己（發展社交技能長處）？我們認為，這類協助應該指定給予那些真正「思考」型的女孩，讓她們在科技界有平等機會，而不是平均給予所有女孩。很多女孩子本來就能在情感取向的工作上表現優異。在中國社會裡，不只女孩，很多原本更具社交與軟性技能取向的男孩都被迫就讀理工科系，導致他們人格扭曲，工作與人生都不快樂。舉例而言，黃明蕙的系上有很多這類學生，他們只是遵照父母要求而選擇資訊管理學系。這種學生不少都半途離開（有一個後來活躍經營部落格，另一個決定受訓成為飛行員，還有一個根本不知道自己要往哪裡去），因為理工科不是他們所擅長，也不是他們興趣所在。

軟性服務業成為主流

情感經濟的特質是人類不再訓練自己跟機器一樣思考，而是回歸人性情感本質，讓機器繼續在思考能力上突飛猛進（目前進度是從分析思考向直覺思考推進）。機器的思考能力愈進步，人類為了工作、為了生活就愈需要發展自己的軟性技能。在情感經濟裡，思考人工智慧會更成熟，能接手大量思考性的工作內容與工作崗位。因此，人類將來必須在情感這方面下功夫。我們跟馬里蘭大學金融教授馬克西莫維奇合作，進行實證研究來探討這些改變，並將結果發表在《加州管理評論》人工智慧特輯。我們的實徵證據是以美國政府 O*NET 計畫的工作內容資料，以及美國勞動統計局的就業與薪資資料為基準。研究結果呈現，雖然思考工作在二〇一六年的重要性仍比情感工作高出百分之十四點三（證明我們今天仍大致處在思考經濟），但情感工作在人類工作崗位的重要性從二〇〇六到二〇一六年不斷提高，成長速度高於思考工作，這又證明情感經濟正在興起。這十年間，情感工作在人類工作崗位的重要性提高（增加百分之五點一），思考工作的重要性則沒有太大改變（增加百分之零點五），至於機械性工作的重要性則降低（減少百分之一點三）。我們可以預料，基於人工智慧的不斷進步，情感工作的重要性在最近這幾年只會提高更多。

情感工作變得更重要，經濟也變成以情感取向的部分為主。我們看到實體經濟以製造業最重要，思考經濟則以「硬性」（思考）服務業為主流。從製造業到服務業是一條單行道，因為進步的方向就是從製造業到服務業，這點在我們發表於《行銷科學》期刊的文章裡有解釋。情感經濟依然是服務業經濟，但比重最重的會是「軟性服務」（健康照護、管理、個人護理），其中情感工作的重要性增加。「軟性服務」是相對於思考經濟中占主流的「硬性服務」（電腦、工程、法律）。這樣的話，我們將會看到服務業經濟的軟性部分擴張。我們的資料支持這項預測，其中顯示：綜觀經濟所有部分，情感工作普遍隨時間變得愈來愈重要，這是一個整體趨勢，不限於特定或少數產業。

為了知道情感經濟下哪些產業比較重要，我們以美國政府O*NET資料中二十二種產業的工作崗位為基礎，計算每一種工作智慧（機械、思考、情感）的相對重要性，從二〇〇六到二〇一六年取平均。表3.1列出情感性工作內容重要性最高的前十名產業，包括社區與社會服務、銷售與相關業務、個人護理與服務、管理、食物製備與供膳相關。這些全部是人本的服務業，其中的社交互動、情感與溝通都十分密集。

進一步，我們根據美國勞動統計局的職業就業統計資料，計算出表3.1前幾名產業的平均就業增減。圖3.2顯示情感工作崗位的就業人數主要增加在個人護理與服務產業（百分之三十八點九三），第二名是商業與金融操作（百分之二十四點

表3.1　情感產業前十名

1.	社區與社會服務
2.	銷售與相關業務
3.	個人護理與服務
4.	管理
5.	食物製備與供膳相關
6.	教育、訓練、圖書館
7.	保護性服務
8.	商業與金融操作
9.	健康照護醫技師
10.	健康照護支援工作

來源：作者自製。

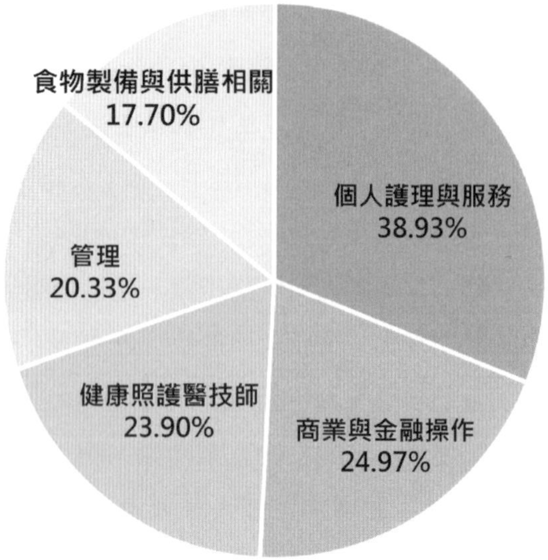

圖 3.2 情感產業前五名的就業增長率（來源：作者自製）

九七），再來是健康照護的醫技師（百分之二十三點九）。此外，管理（百分之二十點三三）與食物製備和供膳相關（百分之十七點七）等產業的增長之勢也不可小看（只是後者目前可能因新冠肺炎疫情而受抑制）。

所有證據都顯示情感經濟正在興起：情感工作在就業市場上變得更重要，其薪資也漲得更快；情感產業在經濟裡的地位變得更重要，相關就業人數也在增長。這些資料還讓我們清楚看見經濟裡的情感這部分包含什麼。我們二〇一九年發表在《加州管理評論》人工智慧特輯的文章裡有一份清單，列出特定工作所需的詳細智慧種類。[12]

不平等的情況會改善嗎？

在情感經濟下，我們最終會擁有一個比較平等的世界嗎？答案是：對於那些在思考經濟下處於「人為劣勢」的人，他們很可能更有機會矯正這個劣勢，讓自己的才能獲得應有認可。

像這樣在經濟上更平等（包容）的可能性，不只適用於先前的劣勢群體（如女性和黑人），也適用於那些在思考經濟下處於人為劣勢的人。本書作者之一在二〇一九年舉行於新加坡的「服務業新疆域研討會」發表專題演講，題目就是「情感經濟」。現場聽眾裡一名高級知識分子表示：他聽到演講者預測情感工作在情感經濟裡會更有公平競爭機會，他為此感到非常高興，因為他的兩個兒子分別主修藝術與電影，而他一直很為孩子的未來發愁。現在他比較放心讓孩子去做自己所愛、所擅長的事，因為只要經濟開始認可並賞識這些非科學的才能與工作崗位，那他們還是能有不錯收入。在情感經濟裡，許多原本居於劣勢的群體或個人可以有更好機會來發展自我才能、被納入勞力市場。想當藝術家的男孩不必再被逼著去唸理工科系，或是被爸媽唸叨說這樣將來找不到工作，因為他在情感經濟裡可以利用軟性技能獲得不錯的收入。

這轉變有兩個意義：（1）那些擁有「情感才能」但在思考經濟裡處於人為劣勢的人，在情感經濟裡會得到比較公平的機會。（2）情感經濟更重視人性本質，而不是要把每個人（不管你是擅長思考或擅長情感的人）都訓練成科學家或工程師。換句話說，情感經濟比較重視情感性的工作內容、工作崗位與經濟組成，所以擅長情感的人就不必再強迫自己接受傳統理工科教育，也不再處於劣勢。如果是擅長思考的人，他們就需要接受再技能化或養成多元技能，至少要強化自己的直覺能力，而不是單純只依靠分析能力。到最後，就連直覺性思考者都必須更往情感的方向發展。

說到底，我們預測軟性服務業技能崗位的成長速度會超越軟性服務業非技能崗位（因為機械性的情感人工智慧，例如客服聊天機器人，可以輕易接手這類工作），將軟性服務業勞力市場推往技能化的一端。我們還預測軟性服務業技能崗位的成長速度會超越硬性服務業技能崗位，讓技能勞力市場變成思考技能工作崗位與情感技能工作崗位對立的兩極化情況。這就是說，我們預測服務業勞力市場的兩極化會從「非技能相對於技能」的雙峰分布轉變為新的「思考技能相對於情感技能」雙峰分布。

上述預測一旦成真，那些目前處於人為劣勢的人（擅長情感的人）就能找到工作（情感性非技能工作崗位），且可能找到高薪工作（情感性技能工作崗位）；這樣的話，經濟就可能變得比較平等，且整體變得比較富裕。至於目前的弱勢種族與其他弱勢群體，依照我們在本章前面的立論，他們到時也應該會有不錯的發展前景。

經濟成果：關係化

情感經濟帶來的主要利益（與經濟產出）就是「關係化」。我們造出這個詞來反映人工智慧的累加本質：當人工智慧進步到更高階，它仍然能夠保有（至少可以選擇要不要保有）低階智慧。「關係化」就是「個人化」（思考智慧的經濟效益）加上「關係」（情感智慧的經濟效益），這個詞要傳達的意思是：這是一種更進步的個人化，需要輸入縱向的、非結構化的情感資料。從定義而論，任何關係都是因人而異。關係化需要情感資料，但情感資料是個人的，且都有其背景情境，因此很難蒐集。情境資訊經常在資料蒐集過程中喪失（就像電影《愛情不用翻譯》，比爾莫瑞在片中演一個造訪東京的過氣演員；這部片適切呈現了缺乏情境資訊的翻譯可以鬧出多大笑話）。

我們用低端與高端情感人工智慧都能實現關係化的成果，低端人工智慧可以執行情感性的非技能工作，高端人工智慧（發展到最後）可以執行情感性的技能工作。

低端情感人工智慧

低端應用程式，像是 Affectiva 這種以文字為基礎的情感分析與客服聊天機器人，就是用分析人工智慧來分析情感數據（比如以聲音為基礎的聊天機器人利用聲音來探勘分析），藉此執行情感性的非技能工作。舉個例子，自助科技被用來把服務業「自動化」，取代人類勞工（就像前面〈實體經濟〉那一章所討論的）。這類工作本質是機械性的，而這類情感人工智慧就只是用分析人工智慧來分析情感資料而已。不過，目前在消費市場上受歡迎的對話系統如 Alexa、微軟的 Cortana 和蘋果的 Siri，這些都是另一種應用程式，是使用自然語言處理來跟顧客進行比較機械性的互動。大多數情感人工智慧屬於低端這一類，它們設計來取代各種非情境性的軟性服務業工作崗位。

高端情感人工智慧

高端應用程式，就像機器人 Sophia 所應用的如語音情緒辨識模擬等科技，比較接近真正的情感機器，也就是能用機器方式體驗人類情感（意思是它們雖然不會有生理反應，但未來的類神經網路可以設計成模仿人類生理反應）的機器。這種應用程式的設計理想是要能夠自主，也就是可以不需人類介入而完全獨立運作（如自主學習、自主動作與反應、自我控制）；相對來說，低端應用程式就只是要讓操作過程「自動化」。我們還沒發展出真正的情感機器，所以情感性的技能工作大多都由人類執行。

如果我們有了高端情感人工智慧，再搭配低端情感人工智慧應用系統來利用分析智慧分析與情境較無關的情感資料，我們就能在關係之上更達到「關係化的個人化」這種經濟成果。

三種經濟型態彙總

到這裡，我們已經討論完實體、思考、情感三種經濟型態。圖 3.3 呈現三種經濟型態涉及的主要科技，表 3.2 則將前面的討論加以彙整，便於一覽全貌。

情感經濟會怎樣結束？

人工智慧的進步不會回頭，只要情感人工智慧發展出足夠強大的能力（見第十四章），那人類可能連情感性的工作崗位都保不住。我們會在第十五章〈情感經濟之後〉更深入探討這件事。這裡，我們先要分享幾點觀察。

當機器能跟人類一樣感受「情」，或至少能接手所有的軟性服務業非技能與技能工作崗位，那情感經濟就不復存在。到

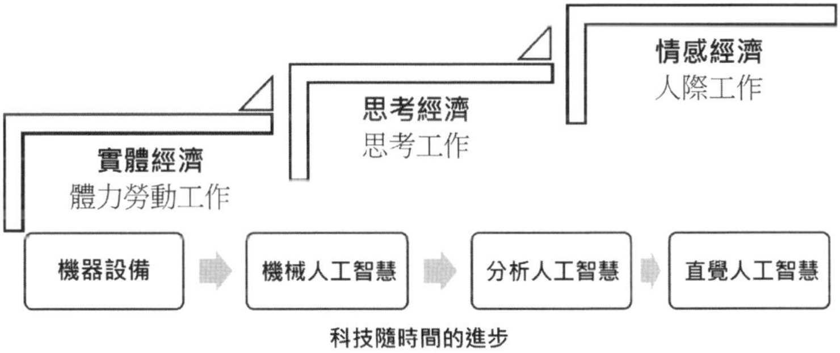

圖 3.3 三種經濟型態下的主要科技（來源：作者自製）

表 3.2　三種經濟型態彙整

	實體經濟	思考經濟	情感經濟
定義	就業與薪資跟機械性／體力性的工作關係較大	就業與薪資跟分析性／思考性的工作關係較大	就業與薪資跟共情性／情感性的工作關係較大
特徵	•「肌肉發達男」的天下 • 製造業是主流 • 技能較低的工人有較多機會	•「頭腦聰明人」的天下 • 服務業是主流 • 財富不均	•「情感豐沛女」的天下 • 軟性服務業是主流 • 財富不均情況改善？
驅動科技	機器設備（生產科技） • 機器提供工具，得以生產各種製造業產品。	機械人工智慧（或IT） • IT：電腦系統儲存、處理資料並由此更新。 • 機械人工智慧：機器進行最低限度的學習與調適。	思考人工智慧 • 分析人工智慧：機器以資料為據進行學習與調適（即「對應」）。 • 直覺人工智慧：機器以知識為據進行學習與調適（即「推論」）。
人類技能運作機制	體格力量（無技能） • 機器設備將工作崗位去技能化，讓非技能工人可以參與生產製造。	推理思考（硬性技能） • 機械人工智慧取代製造業非技能工人，增強服務業技能工人。	共情與情感（軟性技能） • 思考人工智慧取代非技能與技能思考工人，增強情感工人。

	實體經濟	思考經濟	情感經濟
就業	實體勞動就業擴張，因為： • 去技能化：機器設備將製造業工作崗位去技能化。 • 再技能化：農業非技能工人變成製造業非技能工人。	思考就業擴張，因為： • 再技能化：製造業非技能工人變成服務業非技能工人。 • 技能提升：服務業非技能工人變成思考（服務業）技能工人。	情感就業擴張，因為： • 再技能化：製造業非技能工人與思考（服務業）非技能工人變成情感性（服務業）非技能工人。 • 技能提升：情感非技能工人提升自身情感智慧，成為情感技能工人。 • 養成多元技能：思考技能工人習得情感技能。
薪資	大部分製造業非技能工人領取相對較低的平均薪資。	思考技能工人賺取高薪，實體勞動者與情感工人獲得較低薪資。	情感技能工人賺取高薪，體力勞動者與思考工人獲得較低薪資。
主要產業	製造業（即「實體經濟」）	硬性服務業（即「思考經濟」）	軟性服務業（即「情感經濟」）
主要經濟利益	標準化	個人化	關係化

來源：作者自製。

時候，我們會進入機器經濟，其中人類在工作上扮演的角色難以確知，或甚至不再必要。

假使機器擁有了情感，那人類的命運會如何？人們對此觀點不一。樂觀派認為，當機器在各個層級的智慧表現都勝過人類，那所有的工作都會由機器接手，人類只要玩樂即可。這是理想中的工作休閒安排，由機器擔任生產者，人類則是消費者。在這個美好世界裡，人類的工作時數縮減為零，可以把所有時間都用來生活。谷歌工程主任與未來學家庫茲維爾在二〇一七年說，等到「科技奇點」到來，「我們的大腦會長出更多新皮質，我們會變得更風趣，我們的音樂才華會更高，我們還會變得更性感。人類身上每一件有價值的事情，我們絕對都可以達到那樣的目標，甚至還要更好」。[13] 這也表示，現今的經濟安排到時必須重構，因為我們不再需要工作才有收入／薪水／金錢；那麼，人類要怎樣為自己的消費付帳，這就成了問題。我們是否可以預設，因為所有商品都只由機器生產，所以任何東西都將變成免費？

悲觀派則認為，當機器的智力超過人類，它們才不會笨到乖乖接手全部工作來讓人類玩樂。情況更可能是反過來的，也就是所有的工作都落到人類頭上，機器卻能享受它們的「機械」生活。或者，既然人類連工作都做不好（因為機器在機械性、思考性與情感性的工作表現都超越人類），那人類對這個世界就沒用了。到時候，世界上就只剩下機器存在（適者生存）。我們會在第十五章更詳細討論這個課題。

結論

情感經濟是人工智慧持續發展之下自然會走的下一步。我們現在身處思考經濟之中，當局者迷，所以難以想像一個人類思考智慧比較不受重視的世界。整體來說，思考智慧會變得比以前更重要，但也會愈來愈變成機器的工作。於是，人類勞工就只剩下情感智慧這個避風港，可以繼續在裡面待個幾十年。

第四章

表情符號的時代

隨著情感經濟興起，人工智慧接手更多思考工作，而人們也愈來愈把注意力放在情感上。這個趨勢明顯表現在字元表情符號（用打字符號排列成圖案）與圖像表情符號（內建的實際圖像）使用率日益增加。在社交媒體與網路上，這種溝通情感的方式已經隨處可見。這些科技解構了時間、現實距離以及情感距離，讓相隔遙遠的人也能在情感上相連，就算雙方的溝通在時間上錯開也沒關係。由於情感溝通的便利程度提升，導致情感智慧變得更加重要。此外，我們還看到創造性藝術如音樂的情感化，原因就是人工智慧與藝術生產的關係日益緊密。

表情符號的興起

當這個冰冷的、電腦化的環境推動使用者花更多功夫來表達自我情感，字元表情符號（用來表達情感的打字符號排列）也就應運而生。比方說，假使有人想表示自己很高興，他可以使用代表笑臉的字元表情符號：

:-)

美國卡內基梅隆大學的電腦科學家法爾曼在一九八二年首先發明字元表情符號的用法。[1]

無獨有偶，據信法爾曼是歷史上第一個以人工智慧為課題拿到博士學位（一九七七年麻省理工學院）的人。[2] 人工智慧的發展、表達情感的需求增加，兩者關聯如此明晰。

從法爾曼教授提出的第一個笑臉（與不高興臉）開始，字元表情符號迅速增長，涵蓋各式各樣的情緒表達。[3] 有哭泣：

:’-(

有驚訝：

:O

有眨眼：

;-)

然後，人們發現，這些字元表情符號有的並不那麼容易閱讀與理解。這就造成了日本人在一九七七年發明圖像表情符號，讓它出現在日本手機上。現在，我們可以在世界各地的諸多手機系統、電子郵件軟體以及文字處理軟體套裝裡取用圖像表情符號。大多數圖像表情符號都有智慧財產權，但也有很多屬於公用領域，包括圖 4.1 這個：[4]

圖 4.1　圖像表情符號（來源：https://publicdomainvectors.org/en/tag/emoji）

圖像表情符號的重要性已經如此之高，emoji 這個單字甚至成為牛津字典選出的二〇一五年「年度單字」。[5] 人工智慧能力日益提升，加上現代的社交媒體，直接導致圖像表情符號變得愈來愈重要。

實體與情感距離

當愈來愈多思考工作都被智慧型手機（口袋人工智慧）接管，人類的溝通就愈來愈注重遠距表達情感。面對面的人際接觸減少，但有距離的接觸卻變得容易。如果要恆常進行聯絡活動，且將干擾降到最低，那就需要電子郵件或特別是訊息軟體這類科技。聲音（或多媒體）對話需要高頻寬，但能傳達大量的細微情感訊息；相比之下，電子郵件與文字訊息能表達的情感就很貧瘠。這種環境下，人們特別需要字元表情符號和圖像表情符號這類傳達情感的符號。也就是說，當實體距離成為阻礙且網路頻寬受限時，維持一個親近的情感距離就變成很多人最在意的事。人工智慧在思考這方面出力愈來愈多，那人類在情感這方面也必須更加油。

社交媒體與人際連結

情感經濟強調情感與共情，這也難怪字元表情符號與圖像表情符號正好在情感經濟興起之時大肆增殖，因為所有人都想要更快速、更有效率地表達情感。現在的消費者可能連乘法都不會算，但卻能從一大堆可用的情感符號裡挑出自己要的來進行溝通。曾經的思考機器（人類）已經愈來愈變成情感與人際關係的生物。

社交媒體具體呈現這項轉變。Facebook 與 Instagram 這類平台讓人與人在情感上相連。我們在 Facebook 上的「朋友」未必都是真的朋友，但我們現在確實能更容易與別人交流、追蹤別人在做什麼。今天，在社交媒體上有技巧進行溝通的能力已經成為一個人必備的能力，也愈來愈是一個人取得商業成功最重要的關鍵所在。此外，Facebook、Twitter、Instagram，甚至智慧型手機的訊息功能都已取代電子郵件，成為人們傳達情感訊息時優先選擇的媒介，這個變化也絕非偶然。這些情感訊息不只有文字的，也有視覺的（如 Instagram），甚至視覺的可能還更多。就算是文字訊息，現在也都充滿了圖像表情符號或字元表情符號。

情感智慧

高曼在一九九五年出版《EQ》一書，表示一個人只有智商是不夠的，情感智慧「情商」（EQ）也同樣重要或更重要。[6] 此書出版後，它內容所示愈來愈符合時代潮流，因為人工智慧已經迫使人類將智力專注於情感智慧，程度之高前所未見。情感智慧一向有其重要性，但它從來不像今天這麼重要。

情感智慧本質上是社會性的，它涉及感知與理解他人的情緒，然後以一種情感上適當的方法做出回應。一段關係愈具備社會性，則情感智慧就愈是關鍵。舉例來說，情感智慧在婚姻裡絕對不可或缺，而它在一個人跟客戶、跟同事的關係裡也至關重要。雖然我們有可能用極低的情商在事業與人生取得相當成就（像是發明「費雪任意制西洋棋」的怪傑棋王費雪，或是那些「電腦宅」程式設計師），但這種案例基本上都具備超卓思考智慧。當人工智慧的能力逐漸達到相同水準（例如 IBM 的「深藍」擊敗西洋棋世界冠軍卡斯帕洛夫），那麼頭腦聰明卻反社會的這一類人就會身價貶值。情感的、共情的以及人際交往的技能，這些是人工智慧更難做到的事，而它們將會成為最受需求的人類技能。

音樂裡的情感

我們或許以為藝術創作應當能免於人工智慧入侵，因為一般認為創意是人類專有的能力。但事情並非如此。讓我們以音樂為例，人工智慧從二十世紀早期就已進入音樂界，像荀貝格、凱吉等前衛古典音樂家會在作品內插入隨機和／或計算的元素，就連蓋希文這位一隻腳踏入古典樂界的流行作曲家也用隨機化的元素來幫他作曲。不過，還是要等到電腦大行其道，以計算為基礎的作曲法才真正興起。

電腦愈來愈快、愈來愈便宜，在音樂世界扮演的角色也愈來愈重要。合成器（就像是製作音樂用的人工智慧）最早是在一九六〇年代的流行樂界冒出頭來；當時的著名樂團如頑童合唱團、門戶合唱團、平克佛洛伊德，以及披頭四都用過「穆格合成器」這類創新樂器。愈到後來，合成音樂愈來愈常被使用，製造出音樂中冰冷非人的效果。以德國的電力站樂團與橘夢樂團這類音樂組合為例，人類在他們所建造的聲音結構裡簡直像是局外者。

對於人工智慧入侵音樂界，人們的反應有兩種。一種是直截了當拒用人工智慧，甚至要抵制演奏這類聲效樂器的人。這種態度具體呈現在一九七〇年代晚期的龐克革命，領導革命的雷蒙斯與性手槍等樂團都注重表達非常濃烈的、幾乎是卡通化程度的情感；這又導向「情緒搖滾」的發展。情緒搖滾是龐克音樂的延伸，極度誇張地表現情感要素。此外，一九九〇年代的「油漬搖滾」也是由此而生，代表人物為超脫樂隊，他們自認為是龐克傳統的延續者。然而，人工智慧終究難以對抗；難怪那些最大聲高呼反對人工智慧革命的樂手有不少都英年早逝（如超脫樂團主唱柯本、性手槍樂團成員維瑟斯、聲音花園主唱兼鼓手康奈爾，以及聯合公園主唱班寧頓）。[7]

面對人工智慧音樂的第二種反應則是不排拒而與其合作。大衛鮑伊是這派先驅，他跟早期率先使用合成器的音樂製作人伊諾一起製作唱片，用極度情感化的歌唱風格來平衡配樂的冷冰冰感覺。另一個打頭陣走這方向的則是英國合成器樂隊「超音波樂團」。時至今日，流行歌手（如泰勒絲）的音樂裡已經隨處都是用人工智慧做出來的合成器樂句與節奏，再以充滿情感的歌聲蓋在上面。這種情況造就一些意想不到的搭檔合作，如民歌手高登搭配電子樂手哈里斯。舉例而言，大多數舞曲／電子音樂錄音都用人聲的感情來中和由人工智慧主導的音樂結構。通用的原則就是：配樂裡愈有人工智慧／合成器的成分，則人聲就必須愈有情感。這項原則尤其適用於舞曲／電子音樂錄音。

我們服務顧客時應該使用表情符號嗎？

當「做生意」這件事愈來愈具情感取向，那想當然耳生意人就會開始使用愈來愈多表情符號來跟顧客互動。然而，最近學術界一篇文章卻對此提出警告。香港研究者李雪妮、陳華與金莎拉表示，表情符號會讓顧客覺得該名服務提供者態度較親和但能力較低。[8] 更何況，顧客有兩種類型，對表情符號的反應也不同。「集體取向」的顧客見到表情符號會有正面感受，但「交換取向」的顧客則會產生負面觀感。用我們的角度去理解這些詞彙，意思就是集體取向的顧客更具有人際關係取向與情感取向，而交換取向的顧客則更注重交易本身、注重合理性。既然經濟的長期趨勢是通往人際關係與情感，那依據這篇研究的結論，我們可推得商業活動使用表情符號的情況應該會隨時間增加。

結論

人工智慧／人類智慧的合作愈受人工智慧控制，則人類智慧就愈需要表現情感部分。以這點來說，在人們使用智慧型手機的聯絡溝通中，我們可以見到字元表情符號（和後來的圖像表情符號）愈來愈常使用。既然社交媒體讓遠程聯絡（常有時間轉移因素在內）變得不可或缺，那情感的部分就要加碼，以便克服聯絡過程中頻寬不足的問題。這導致人們更愛使用視覺圖像與多媒體，以及 Instagram 這類平台，來增加訊息中的情感內容。與此同時，情感智慧的重要性也相應增加，因為人工智慧已經可以取代那些情感不發達思考工人的技能。就連藝術創作的領域，也因人工智慧入侵而迫使人類變得更情感化，因為人類專屬的創作領域已經縮減。甚至，商業界也會發現自己能用表情符號來跟情感取向的現代消費者經營關係。情感經濟是表情符號的時代——一個情感被高度重視、人類呼喊著要認同人性本質的時代。

第五章

情感工作崗位

我們在第一章舉了兩個因人工智慧而產生變化的工作崗位例子，談到財務分析師這類職業因為人工智慧接管大部分思考事務而變得更缺乏技能性，於是只好專注經營與客戶的關係。同樣的，客服人員的常規責任減少，因為這類工作大多由聊天機器人接手，結果就是客服人員被「升級」了，變成把更多時間用來解決客戶提出的非常規問題，並與顧客進行深度互動。我們會看到，人類與人工智慧的合作終將改變人類工作崗位的性質，典型結果就是讓該工作崗位的定義升級，將其責任提升到較高層級。為了跟上這些變化，公司企業不只需要升級現有工作崗位，還應該努力創造新的情感取向工作崗位。政府資料能告訴我們情感工作崗位在哪裡，以及哪些工作崗位的數量增長速度最快。勞工如果想要領先時代潮流，也必須改造自己，讓自己更適合這類將在情感經濟裡成為主流的工作崗位。

人類與人工智慧的合作怎樣改變人類工作崗位

這裡我們用計程車司機做例子。乍看之下，計程車司機像是個藍領低技能工作崗位，大部分工作內容是體力性的，但其實也包含思考智慧（例如決定走哪條路最好、對路況做出反應）與情感智慧（例如與乘客互動）。人工智慧已經在這個工作崗位取得長足進展，且未來預計會侵占掉更多部分。以「決定走哪條路最好」為例，人工智慧已經以 GPS 交通導航軟體（如 Waze）的形式接手處理大部分「去哪裡怎麼走」的問題，讓人類勞工不須熟知某地道路也能開車。與此成對比的是，倫敦計程車司機必須通過「倫敦知識大全」（倫敦地標與小街道知識）檢定考試，證明自己能靠腦子開車去任何地點。然而，自從導航軟體出現，計程車司機這項本事也就沒了用處。正因如此，「優步」和「來福車」等共享乘車公司才能來計程車產業分一杯羹，讓業餘駕駛利用人工智慧解決大部分思考工作。比方說，優步就比較注重駕駛的乘客滿意度（反映駕駛的人際技能），而非駕駛對街道有多熟悉。隨著人工智慧的思考智慧日益增強，它對計程車產業的干擾也會更大。當人工智慧的分析與直覺智慧都達到水準，它就能讓自動駕駛的計程車徹底取代人類司機。回頭來看現況，目前開計程車這個工作崗位所需的思考智慧降低，而情感智慧和人際技能則變得更重要。

另一個受到改變的工作崗位是棒球裁判。裁判最重要的工作之一是分辨好壞球並作出判決，但他們只是人，意思是他們很可能誤判，讓球員氣得咬牙切齒。因此，棒球這項運動一直在設法增加對人工智慧的使用，提高判決準確率。第一步是用人工智慧球路追蹤系統來評估投手投出的每一球，然後依此檢驗人類裁判判決好壞球的準確率，給他們每一個人打分數。到二〇一九年，某個職業棒球聯盟更進一步，打造出一套由人工智慧與人類智慧合作評估每一球的人型系統。人工智慧（負責球路追蹤）決定每一球是好球還是壞球，其結果由記者席的工作人員傳達給戴耳機的裁判。如果事情明顯不對勁，則裁判有權推翻人工智慧的判決。這套系統早期獲得的反饋都很不錯，球員、裁判與觀眾都不覺得受打擾，且更有信心好壞球能被正確判定。裁判依舊扮演面對他人的情感性角色，但至少在判定好壞球這方面，人工智慧已經接手大部分思考性角色。就連美國大聯盟這個最頂級的棒球賽，也在快速朝向使用人工智慧來判定好壞球的方向演進，預計二〇二一年（本書英文版成書於二〇二〇年）就會在最高級的賽事廣為應用。

升級現有工作崗位

我們評估人工智慧模仿各種智慧的困難度，將其層級由低到高排列為機械智慧、思考智慧、情感智慧；那麼，當人工智慧接手更多較低層級智慧的工作，人類智慧就必須升級來專門發揮較高層級智慧。那麼，標準的結果就是，人類勞工比起過去責任更大，但工作內容也更有趣，而人工智慧則接手更多體力與機械性的工作，且還會接管愈來愈多思考工作。

讓我們用國際機場移民官的工作崗位當例子。傳統的情況是國際入境旅客大排長龍等著過海關，讓移民官一個一個檢查護照（必要時包括簽證）。這個工作崗位的內容包括大量不須經過思考的常規活動；就算涉及思考工作，也有不少可以很簡單就自動化。世界各地許多機場已經裝設自動化掃描設備來掃描護照、掃描指紋，或甚至辨識人臉。有了這些設備，現場需要的移民官人數就減少；至於還留在現場工作的移民官，其中很多也已將工作崗位升級，專門處理困難案件或與入境旅客進行非常規互動。

就連專業性質的服務工作都免不了受這些發展影響。舉個例子，人工智慧在評量某些重要醫學檢查結果（如心電圖）的時候，其準確性已經證明超出人類。IBM 的 Watson 系統就是醫藥界商用人工智慧科技的實例。有趣的是，Watson 其實並不怎麼受歡迎，它的長處顯然不在人際取向的情感技能這方面。人類醫生擁有較佳情感技能，就算他們做診斷的準確性較低，卻能比較受病患歡迎。這呈現了專業性質服務工作將來應有的走向。人類服務提供者（醫生）必須更有效率地與人工智慧合作。在這個例子裡，「升級工作崗位」的意思是醫生應該專注於情感技能，讓自己更成功地與病人互動。一個擁有高超情感智慧的醫生或許能讓病人放心接受人工智慧診斷。除此之外，醫生的情感智慧如果夠高，這也能幫助他／她自己接受在思考工作上對人工智慧認輸讓位的打擊。

另一個例子是銀行業或稅務部門的詐欺偵查工作。這項工作過去是由人力隨機進行檢查（審計），用自己的判斷力來看是不是有問題。今天，第一步記錄審查的工作已經交給人工智慧來完成。由於可用於訓練人工智慧的資料數量龐大，類神經網路（深度學習法）可以訓練到非常準確辨識出詐欺活動，這讓負責詐欺偵查的人類工作者能專注處理少數較不能確定的案子。結果就是，詐欺偵查需要的人力變少，而留下來的工作人員必然擁有更高等級的技能，且技能中大部分涉及情感智慧與人際技能，也就是他們追蹤問題時要有效與人溝通的必備技能。

行銷方面的研究調查過共情能力對設計師表現的影響，其學術發現受管理經驗支持，呈現具有高共情能力的設計師能創造出更佳、更具創新性的產品，這在顧客也變得更具情感取向後會特別明顯。[1]

創造新的情感工作崗位

當實體經濟讓步給思考經濟，很多實體經濟工作崗位就此消失，同時很多體力勞動者也跟著失位。但事情並未到此結束，因為思考經濟開始產生大量自己的新工作崗位。許多採礦、農耕與工廠製造的工作崗位被新的工作崗位取代，例如編碼、資料科學以及迅速擴張的服務經濟工作。新工作崗位需要不一樣的技能與訓練，但它們代表著大好機會；人們只要願意移往經濟裡新的部分，就能把握這些機會。隨著思考經濟又讓步於情感經濟，我們預計會產生類似的動態變化。雖然很多思考經濟工作崗位會消失，但情感經濟裡很可能會有許多新機會；只是，新的工作崗位所需訓練或許會與思考經濟工作崗位不同。

這些新興的情感工作不會全部都需要與消費者有直接的個人關係。工作將包含利用人工智慧協助消費者互相理解。這些新工作將帶來很多創業的機會。舉例來說，在二〇二〇的新冠危機中，其中一家新創交友軟體「一起隔離」抓住機會，幫助困在家中的人找到伴侶。[2] 網站的思考功能交給人工智慧，但是需要有同理心的發明家來發現機會。

情感經濟下哪些工作崗位前景看好

情感經濟之下，最有發展潛力的工作機會在哪裡？美國電視頻道 CNBC 從美國勞動統計局的官方數據發掘出二十七種年薪超過十萬美元，且預計在二〇一六到二〇二六年間增加超過百分之十的工作崗位。[3] 這份名單很有啟示性，因為它清楚呈現情感經濟工作崗位成為主流。雖然這二十七種工作崗位裡有六種還是古典的思考經濟工作崗位（石油開採工程師、科學家、電腦與資訊系統工人、軟體開發者、保險精算師、物理學與天文學家），但其餘二十一種都重視直接的人際接觸，包括直接提供服務的人或管理者。此事顯示情感經濟正在高速成長。這二十一種工作崗位裡面有十五種是在醫藥與健康照護領域，另外六種都是管理性質。

如果我們把視野放得更寬來看同一份數據，將最重視情感工作的前十名產業列出來，我們也會看到非常類似的模式。[4]這十種產業有九種屬於不同種類的服務業（如業務員、個人照護、醫藥，諸如此類），且管理工作也列名在內。名單上唯一一個明顯屬於思考經濟產業的是商業與財務經營，其工作內容主要是分析性的。然而，這項產業其實也受情感經濟滲入，情感工作的重要性逐漸增加，就像我們前面討論過的財務分析師例子。

情感經濟下的職業規劃策略

最安全的職業規劃，當然就是在一個有發展力的產業裡找一個有發展力的工作崗位。我們在前一節談到，發展最快的產業都是主攻健康照護或管理，而發展最快的、最有吸引力的工作崗位幾乎都是直接面對人的工作崗位。我們還知道，過去一百多年來，每一個已開發經濟體的服務業部分都在穩定增加，但製造業部分卻停滯不動。[5]上述事實清楚呈現情感經濟下的最佳職業規劃策略。找工作的人應該把眼光放在服務業，不論是健康照護或其他服務工作，然後選擇一個面對人的工作崗位。

有趣的是，這些以面對人為主的服務取向工作崗位，在傳統上聘雇的女性數量高到不成比例。我們會在第六章探討情感經濟對女性的意義，但就算你是男性，你也應該認真考慮往「女人的工作」移動，因為這可能會是最好的路。德州大學社會學家威廉絲對此一課題加以研究，發現當男人因喪失傳統男性工作（如工廠勞工）而受到「打擊」後，其中百分之十九的男性最後會去傳統女性工作崗位就職。[6] 男性若要與時俱進，就得以前所未有的程度欣然接受傳統女性工作崗位。

對剛開始找工作的人來說，這些都不成問題；但如果是早已在思考經濟工作崗位耕耘多年的人，或是缺乏典型情感經濟工作崗位所需人際技能的人，他們又該怎麼辦呢？如果你是身處典型思考經濟工作崗位的人（如編碼員或資料科學家），那成功之道顯而易見。既然我們知道人工智慧很可能接手愈來愈多機械性工作，那思考工人就該努力移動到監管的位子，因為這類管理職位會較晚被人工智慧取代。管理者必須懂科技也懂人情，意思是管理者的最佳候選人大概會出自科技業勞工這一大類工人裡。思考工人應該把握機會成為團隊領導者，將最終目標放在管理階層更高位。

至於那些缺乏強大人際技能的思考工人，他們最該做的就是去培養這類技能。我們後面會在第八章談到，在整體管理學教育裡，所謂「高管教育」——也就是以想移動到管理職位的科技業勞工為對象的教育，很可能成為一個大有發展的重要領域。思考工人應該讓上級知道自己對管理這條路有興趣，不放過任何發展領導技能與人際技能的自我成長機會。

結論

思考經濟興起後，體力工作並未消失——只是更常交由機器設備完成而已。同樣的，思考工作也不會在情感經濟興起後消失，只是交給人工智慧完成的情況會愈來愈多。至於那些留給人類的工作崗位，其內容會更偏向人際取向，例如服務與管理。人類跟人工智慧進行團隊合作，人工智慧是技能專家，人類智慧則專精於人際方面。現存的工作崗位會「升級」，專門發揮「較高級」的情感智慧。雖然勞力市場對思考工人的需求下降，但對專門處理人與人關係的情感工人需求會上升。那些數量增加最快的工作崗位，幾乎都屬於新興的情感經濟。如果勞工要在這個即將到來的人工智慧時代取得成功，他們就該欣然迎接情感經濟、認同情感經濟對人際技能的重視。他們應該去找一個直接進行服務的工作，或是管理性質的工作；這兩類工作崗位在過渡時期都不太會受到威脅。

第六章

女性時代

當我們想到人工智慧造成的進步，我們眼前常會浮現「魔鬼終結者」這類機器人以陽剛蠻力把社會搞得翻天覆地的畫面。然而，當人工智慧的發展促使情感經濟興起，有一群人卻似乎在其中占據得天獨厚的位置。我們或許即將進入「女性時代」。

以後見之明來看，男性的地位與重要性在自動化與人工智慧發展歷史中穩定下降，女性的地位與重要性則是穩定上升。男性體型較大、肌肉較發達，在實體經濟裡能夠稱霸。但當體力工作變為自動化，思考經濟就隨之興起，造就一個對女性有利得多的環境。在整個思考經濟時代裡，各種徵象顯示女性前進的速度愈來愈快，這反映在女性獲得投票權、美國通過《平權修正案》與《教育法修正案第九條》，以及愈來愈多女性參與軍事、體育、商業、學術與政治。[1] 未來這方面的進展只會更快，因為女性將在情感經濟裡獲得前所未有的地位與重要性。

實體經濟與男性時代

在實體經濟裡，體格力量極受重視，而男性平均而言比女性高大強壯，因此獲得主宰地位。不論是從事農業、礦業、建築業、工廠製造業還是從軍打仗，都需要體格力量，因此男性會擁有優勢，而這優勢就反映在男性地位廣泛高於女性。此外，男性也占據社會裡掌握實權的高位。舉例來說，美國《財星》雜誌每年評選全美前五百名大公司，一九七二年之前這些名單上的公司執行長全部都是男性。一九八四年之前，美國每一次總統選舉的總統與副總統候選人也全部都是男性。這樣的歷史優勢導致男性擁有某種「資格感」，於是社會上一些保守分子就想讓「時光倒轉」來重建男性霸權。舉個例子，據說川普過去提名的聯準會理事候選人摩爾曾講過這句話：「男性收入穩定減少才是真正問題。」[2] 就算女性的收入持續顯現出性別薪酬差距（不過這個差距正在縮小），但摩爾仍舊只在意男性收入，這已經很明顯了。[3]

思考經濟與女性興起

當思考經濟取代實體經濟，女性就獲得能力，能與男性在較為平等的基礎上競爭。這導致女性在社會上的地位有了各種提升。隨著思考經濟興起，女性取得的進展不容小覷，且實際影響到社會各個部分。

從一八九三年到一九三〇年，自動化在製造業的重要性日益增加；在此期間，美國、紐西蘭（最早，一八九三年）、澳大利亞以及幾乎所有西歐國家都給予女性選舉權。相比之下，那些到了一九七五年還沒給女性選舉權的國家都是經濟落後的難兄難弟，包括葡萄牙、納米比亞、薩摩亞、哈薩克與摩爾多瓦，再加上中東石油國家如科威特、阿拉伯聯合大公國以及沙烏地阿拉伯。（諷刺的是，沙烏地阿拉伯這個女性權益落後國卻在近年成為第一個擁有人工智慧公民的國家，而這位人工智慧公民正是「女性」機器人 Sophia。）

女性獲得選舉權之後，並未就此停止追求更多權益，比如美國就提出《平權修正案》，賦予兩性平等權利。此外，美國在一九七二年又通過新法（即《教育法修正案第九條》），保護女性受教育的權利（並實質上要求平等補助）。

甚至，女性在過去典型的實體經濟工作崗位（如軍職）也取得長足進展。這其實並不稀奇，因為軍隊借助人工智慧所能達到的高計算力，讓機器設備很高程度接手體力工作。既然人工智慧控制了大部分機械性工作，人類就能空出手來處理思考與人際工作——而女性執行這類工作的能力不輸男性。某些軍事單位，如美國特種部隊，是因為對體能要求極其嚴格而讓女性幾乎無法進入；但其他大多數軍事崗位，包括戰鬥部隊在內，如今都對男女一視同仁。

從身體智慧到思考智慧，再到情感智慧，這個轉變趨勢整體對女性有利，且也已經是大眾的普遍認知。比如說，在思考經濟發展到高峰之前，一九四六年的美國人只有百分之三十五認為女性智力比得上男性。到了二〇一八年，有百分之八十六的美國人認為兩性一樣聰明，且剩下的百分之十四裡大多數甚至覺得女性比男性聰明。[4]

對女性而言，人工智慧是否純然有利？

我們在前面幾節提出解釋，經濟型態向情感經濟轉變對女性非常有利，因為平均來說女性在情感經濟技能（共情之類）方面占有優勢。這是不是表示人工智慧永遠都是幫助女性克服不平等的正面力量？我們發現，事情並不盡然如此。

女性在過去常遭歧視，很大原因是以往思考經濟與實體經濟的男性主宰情勢導致習慣成自然（這在實體經濟裡更嚴重）；今天，世界上仍有許多國家男女地位不平等。經濟學文獻裡稱這類歧視為「歧視偏好」，[5] 未必出自合理原因，可能僅僅是一種偏執，但在人類歷史裡卻盛行於某些區域。

人工智慧問世之後曾帶來一種希望，希望藉由人工智慧客觀理性評估各種要素的能力，能夠大致終結這類歧視的存在。然而，事實呈現，公平公正的演算法也可能歧視某些群體，例如女性；[6] 就算該受保護群體（如女性、少數民族、少數宗教信徒等）並未直接成為演算法參數之一，結果也是一樣。[7] 舉個例子，如果演算法裡面某些與性別間接相關的參數（如個人所得）對女性不利，那女性在銀行貸款或信用額度這些地方就可能受到歧視。[8]

腦部生理學的性別差異

男女兩性心智能力雖大致相同，但仍有某些統計學上的顯著差異。[9] 舉例來說，男性的大腦比較是橫向分區，對應較強的空間能力。平均而言，男性比較有能力推測出某個物品轉動後呈現的樣子，或是某個物品被發射到空中的情況。這些特定男性技能都與實體經濟最需求的技能（如擲標槍）很有關聯，也讓男性在數學和西洋棋這類空間相關活動能夠勝出。

兩性大腦差異是個很有爭議性的話題，因為過去這些差異曾被用來歧視弱勢群體。比方說，諾貝爾物理學獎得主肖克利再現在可能會被當「肖ㄟ」，因為主張其他種族比歐洲人「劣等」，還提倡優生學——跟納粹如出一轍。不過，今天大家已經普遍接受兩性大腦構造平均而言還是有所不同。

奇怪的是，由於「男女差異比較」這個課題的爭議性，以及一些走錯了路想「控制」荷爾蒙不穩定影響（某些研究顯示這在女性身上呈現更多變異）的企圖，這方面的研究相對來說實在很少。[10] 關於兩性差異，最具影響力的學術研究或許是出自賓州大學的一個研究團隊。研究結果於二〇一四年發表在《美國國家科學院院刊》，呈現男女兩性平均而言擁有不同的腦內神經連結方式。說來諷刺，深度學習類神經網路人工智慧曾被用來研究兩性大腦差異，結果再度得出「兩性大腦確實有所不同」的結論。

要點在於，男性（平均而言）應該是長於行動取向、空間性的思考，而女性則應該是擅長人際關係與社會化的思考。不過，此一研究領域的所有研究者都強調群內變異絕對壓過群外變異，意思是可能有某些女性非常擅長空間性思考（如女子足球明星拉皮諾），也可能有某些男性非常具有共情能力（如政治人物拜登）。

從數學上可以呈現，如果有兩組平均而言差異很小的人口，當我們只檢驗其中頂級人物，就可能讓表現較優異的群體獲得壓倒性勝利。所以，我們看到，歷年來菲爾茲獎（頒給四十歲以下的頂尖數學家）得主累計共有六十人，其中伊朗數學家米爾札哈尼是唯一的女性。類似情況也可見於西洋棋界，二〇二〇年世界西洋棋總會公布的世界頂級棋手名單裡，排名最前的女性棋手是中國的侯逸凡，而她只排第七十五名。本書的第一作者（拉斯特）也是西洋棋競賽選手，大學與研究生期間都是西洋棋校隊成員，但他大方承認自己跟侯女士如果對上，應該幾乎每次都會被殺得片甲不留（這裡我們姑且給拉斯特一點不怎麼合理的信心，相信他不是「絕對」每次都會被殺得片甲不留）。再以黃明蕙為例，她是專業的時間序列計量經濟學家，經常在發表的論文裡做統計模型。換句話說，數學界與西洋棋界的頂尖女性都是非常厲害。然而，女性整體平均表現不如男性，因此男性在思考經濟的數學／空間這些方面擁有優勢。

我們也不能忽略文化因素的影響。舉例來說，某些國家的年輕女孩不可以上學，那她們根本不可能變成數學家啊！就算是在開發程度比較高的國家，那些想在所謂「男性」事業上追求優異表現的女性也可能被用隱微方式勸退。前述這些文化因素都可能放大性別差異。

這一切在情感經濟裡都會有一百八十度轉變。一旦人工智慧擁有比人類更高強的數學／空間能力，人類的這些特殊才能就會失去價值。人工智慧已經能擊敗最頂尖的西洋棋手與圍棋手（一般認為圍棋比西洋棋更複雜）。當人工智慧掌握這類技能，那人類就只剩下情感領域可供發揮，而這就是女性最擅長的。[11] 女性的演化方向是要養育孩子、照顧家庭，不過我們也承認許多女性是在政治與文化壓迫下不得不成為這類角色，不論她們是否有其他的興趣與長處。

然而，女性傳統育兒角色帶來的演化優勢，使得她們大腦橫向分區較不明顯，因此她們整體推論與覺察情感的平均能力較為優異。雖然這項優勢到底是先天還是後天造成仍有爭議，但劍橋大學以超過六十萬人為對象進行大規模研究，使用性別差異的「共情系統化理論」，證實女性較有共情能力、男性較有系統化能力。研究顯示，平均而言，思考經濟中高價值的理工科工作較是男性強項。我們特地提出這點來說，是因為女性較有共情能力，因此她們的貢獻在情感經濟裡受重視的程度可能遠超現在，而男性最擅長的那種思考則會較不受重視（被人工智慧接手）。

情感經濟——女人當家

前面的論點引出一個結論：經濟愈進步，女性就愈有權力與影響力。這在實體經濟到思考經濟的經濟型態轉變過程中就已實現，而當思考經濟轉型為情感經濟時，事情只會更明顯。也就是說，我們預測，愈為進步的經濟裡應該要有愈多掌握權力、擁有影響力的女性。

為了給出一些描述性證據來證明此事，我們要來看看美國新聞所報導的世界女性權益前十名國家。[12] 如果我們的論點成立，那這些國家的經濟發展程度應該都要名列前茅，經濟逐漸轉型為情感經濟，其中的女性就擁有更高影響力。這些國家分別是丹麥、瑞典、荷蘭、挪威、加拿大、芬蘭、瑞士、紐西蘭、澳大利亞以及奧地利。上述女性地位最高的國家，其人均國內生產毛額最低約四萬美金，最高約七萬五千美金，中位數約為五萬二千美金。與此相比，全球平均的人均國民生產毛額約為一萬七千美金；這顯示女性地位高的國家在經濟上的成就也高。隨著情感經濟逐漸發展，這個現象應該會變得愈來愈普遍。另外，值得注意的是，歐洲最大的經濟體德國，其領導人（二〇二〇年）梅克爾是名女性；世界女性權益前十名國家之中，有四個國家的領導人也是女性。情感經濟在未來應當會讓更多女性領袖登台掌權。

人工智慧愈來愈進步，世界愈來愈朝情感取向發展，領袖人物若能兼顧智能與共情就會更容易成功。這個想法在二〇二〇年新冠疫情時已經受過考驗，紐西蘭、挪威、冰島、德國與台灣的女性領導人都在危機中展現高超管理能力。紐西蘭總理阿爾登採取嚴格措施來遏制疫情，同時又展現情感智慧。舉個例子，她從家裡直播自己與家人生活狀況，還宣告「牙仙」和「復活節兔」都是「新冠抗疫重點工作者」。《華盛頓郵報》談到阿爾登時這樣說：「她經常在公開發言裡強調共情，呈現……領導者實際上可以同時具備決心和仁慈。」[13] 這種領導風格與川普、普丁以及世界各地無數政治強人的「超級硬漢」風格形成強烈對比。

證據顯示，女性在情感經濟裡逐漸占據更多高成長率工作崗位。我們在第五章提過，這類工作崗位比較可能是在健康照護、醫藥以及管理等領域。傳統上，護士這一行的從業者大都是女性。至於醫生，許多國家過去都是男性醫生占多數，但現在也有愈來愈多女性參與其中。舉例而言，美國醫學院協會在二〇一九年提出報告，說美國醫學院在歷史上第一次出現學生性別以女性居多的情況。[14] 同樣情況也開始出現在管理領域，美國勞動統計局報告說現在百分之三十七的管理職位由女性擔任，而這個百分比想必未來還會提高。二〇〇五年的時候，所有頂尖商學院錄取女性學生比例都不到百分之四十；但今天，許多這類學院都已錄取超過百分之四十的女性，包括哈佛商學院、賓州大學華頓商學院，以及麻省理工管理學院在內。

結論

綜觀整個人類歷史，男性獨有的體格強度讓他們成為經濟裡的主宰者。實體經濟重視男性的體格力量，思考經濟也重視男性的數學與空間能力，於是男性始終擁有優勢。這項優勢又因長久以來習慣成自然而更進一步強化；男性主宰的社會結構正在改變，但每一步都困難重重。

情感經濟將這一切徹底翻轉。由於共情、感性、情感以及人際技能（傳統上女性的長處）獲得前所未有的重要性，女性的時代似乎就要到來。我們已經看到，那些最接受這些改變、給予女性最多權力的社會，在經濟上都比較成功，也比較可能出現女性領導人。

雖然女性在思考經濟裡已經取得不少進展，但就算是在最進步的經濟體，性別薪資差異也依舊存在。當女性在經濟裡獲得更大的權力與影響力，我們可以預期兩性薪資差異會持續縮減，事實上甚至可能倒反過來。過去許多女性在思考經濟裡必須讓自己「更像個男人」，全力提升自己的理工科技能與系統化推論能力；現在，男性如果想在情感經濟裡成功，或許就必須讓自己「更像個女人」，提升共情與人際關係這類傳統視為女性長處的能力。借用（並倒轉）著名靈魂樂手布朗的歌詞來說，「這世界是女人的世界」（原詞是「男人」）。當我們進入情感經濟，布朗九泉之下有知大概真會不得安寧。

第七章

情感政治

當人們愈來愈把思考工作藉由智慧型手機與數位助理交給網路上的人工智慧代勞，他們的思考能力也就隨之萎縮。這表示，現在要接近大眾最好的方法就是透過情感。由於選民變得愈來愈具情感傾向，政治造勢與政治候選人也會變得更往這方面看齊。

人工智慧怎樣改變媒體

由於科技上資料通訊、存儲與分析的能力增加，導致媒體載具發生戲劇性的擴張。美國過去只有不到三四個可供收看的電視頻道，現在卻有數千種選擇（包括有線電視、網路電視與直播串流）。這樣的話，人工智慧可以從個人層級分析觀看資訊，然後以個人化的方式播放廣告。隨著電子媒體興盛，傳統印刷媒體（如報章雜誌）的流通情況嚴重萎縮。[1]

加拿大媒體哲學家麥克魯漢指出，一般人與特定媒體互動的方式大多取決於該種媒體的功能本身。[2] 他將媒體區分為要求使用者積極參與的「冷媒體」，以及不需要使用者花太多心思的「熱媒體」。當印刷的「冷媒體」讓位給電子的「熱媒體」，閱讀者過去需要進行的思考也相當程度被情感取代。因此，電子媒體的本質會強化這個「用情不用腦」的變化趨勢。

林堡與談話廣播節目

談到以情感為基礎的政治論述，美國知名政治評論家林堡是早期採用這招的人物之一。以前的政治評論者大多傾向客觀講事實，談論政治資訊像在播新聞；林堡卻直接表現自己是保守派擁護者，有清楚（且稍嫌極端）的政治觀點。他的廣播節目主要是在情感基礎上呈現論點，不僅以此吸引更多觀點類似的人，同時還不忘嘲笑他的政治對手。某些評論者認為，川普當選總統一事，就是林堡這種情感路線的合理後續發展。[3]

福斯新聞台

福斯新聞台是由媒體大亨梅鐸與電視執行長艾爾斯在一九九六年聯手創建，以「公正與平衡」為口號，但事實上持續反映保守觀點。福斯傳媒擁有一個明確的政治立場，這與傳統傳媒（如 ABC、CBS 和 NBC）是對立的。福斯新聞台的某些競爭電視台（如 CNN 和 MSNBC）因此變得左傾，以提供政治上制衡福斯的力量。福斯新聞台始終帶有爭議性，且它內部不少「硬性新聞」工作人員都已離職。現在福斯新聞台的重點放在新聞評論，如漢尼提、英格拉漢姆、卡爾森等人主持的節目。這些新聞評論者都跟主持廣播節目的林堡一樣，主要以情感為訴求，以此煽動支持者。既然川普總統也是觀點保守、風格煽情，他與福斯傳媒就是天作之合。

社群媒體

Facebook 等社群媒體都號稱它們宗旨是要連結全人類，但它們的典型商業模式其實是以線上廣告為基礎，愈能個人化愈好。人工智慧提供的計算能力讓這些平台能日益精良地針對個別用戶推出廣告。既然社群媒體有能力讓廣告更加個人化，這就促使它們更向用戶提供零散破碎的東西，以便做出更精準的標定。不幸的是，這種作法也會鼓勵更極端的觀點，[4] 且會造成「迴聲室效應」。極端內容能刺激情感，能最高程度引發各方轉貼回應，所以社群媒體都在明裡暗裡鼓動此事。其結果就是社群媒體變成一個迴響系統，讓新聞故事、企業溝通與個人發文全都在裡面互相影響。[5]

居心不良的人不只用人工智慧改變社群媒體，還用人工智慧改寫社群媒體顯示內容。人工智慧驅動的機器人可以創造出大量假新聞，用來操縱不知情的選民。現在人工智慧還被用來修改照片與影片內容，其結果在大多數人眼中幾可亂真。這些人工智慧造成的亂象都能用來操縱選舉，就像俄國人在二〇一六年美國大選時所做的那樣。[6]

投票過程

投票包含兩步驟：（1）決定去投票所投票，（2）投票。既然如今的選民思考更少、情感更多，那政治行銷的工作就變成（a）推動己方支持者去投票所投票，（b）勸阻對方支持者去投票所投票，以及（c）鼓勵選民投票給己方。工作（a）可視為「動員票倉」，而情感性的論點能夠將己方選民動員起來（投票**支持**己方或是**反對**對方）。工作（b）則是「選民壓制」，比如共和黨可能針對黑人選民下功夫，說民主黨根本沒把黑人當一回事，所以黑人應該以不去投票的方式來對民主黨表達抗議。工作（c）就是普通的說服工作，但這在個人化溝通的時代變得較不重要。負責政治宣傳的人早已摸清楚誰會怎麼投票，所以重點就是有多少人能動員來真正投票，而動員的關鍵正是動之以情。

川普

如果我們說川普這位近年來最惹人厭、評價最兩極化的美國總統竟是靠情感經濟取得成功，聽來或許很怪，但這卻是事實。二〇一六年大選時，川普發現中西部幾個激戰州有不少居民因實體經濟衰退而感到被時代拋棄。這些人之前可能從事製造業享有高薪，也可能是農夫或礦工。川普專門拿這些人的不滿來做文章，用這套來迎合他們。與此同時，川普（以及背後試圖支援他的俄國人）也手段百出勸阻民主黨人不去投票。舉例而言，川普一方花了不少心思鼓動桑德斯的支持者反對民主黨最後推出的候選人希拉蕊，過程中並借用人工智慧來分析社群媒體資料，確保彈無虛發。[7]

此外，川普與支持者也用同一套策略把卡瓦諾推上最高法院大法官的位子。反對卡瓦諾的主要證人福特給出一段撼動人心的情感證言（指控卡瓦諾對她性侵），但共和黨並不正面反駁福特博士證詞內容，而是採用另一套策略。參議員葛雷姆直接對參議院的共和黨人進行情感喊話，其他共和黨參議員也繼之而起，直截了當靠著「聲音大」把另一方（包括性格內向的福特博士）給壓下去。

共和黨在川普彈劾案審判時又用上類似策略。他們根本無視於民主黨提出的罪狀，而是直接針對川普與他的基本支持群眾進行情感喊話。在這裡，共和黨又一次靠著講話大聲與煽情語言（如「騙局」、「造假」）來讓案件變成講情而非講理。所以說，就算案子裡的事實真相沒有真正被質疑，但共和黨仍能掌握大局，用情感性的論點激起民眾對另一方的天然不滿與偏見。

諷刺的是，情感經濟把川普送上台，或許也會把他拉下台。本書寫作時，這世界正陷入新冠疫情，而川普表現出非常缺乏共情能力的樣子。共和黨專欄作家葛森在《華盛頓郵報》

撰文表示：「川普似乎沒有能力去想像和反映他同胞國民的恐懼、苦難與痛苦。我們親眼見證一個總統領導人竟全然無法共情。」雖然此時（二〇二〇年五月）川普再度競選總統的呼聲仍然很高，但我們依據情感經濟的本質，預測他競選連任之路不會順利。

柯林頓一家

不論是利用情感政治，或是設法讓情感政治不被利用，柯林頓家族的人都是箇中高手。柯林頓本人雖在總統任內遭到彈劾，但當他卸任時仍舊成為美國歷史上最受歡迎總統之一。他講過一句名言：「你的痛我感同身受」，而這種情感連結能幫他擋住任何反對他的政治風向衝擊，甚至讓他能夠對國會撒謊然後全身而退。

對比之下，他的妻子希拉蕊就沒有展現太多與選民情感連結的能力。希拉蕊的朋友常鼓勵她要放得開、要表現自己人性一面，但她的公眾形象始終是冷冰冰就事論事——這在過去有用，但在情感經濟裡並不是有效策略。如果她在競選時能善用她那位擅長與民眾連結的丈夫，或許就能克服這個問題。

桑德斯

桑德斯與華倫聯手打造出一個振奮人心的改革前景，令全美國進步派的選民為之震動。然而，桑德斯並不適合情感經濟，而這也是他敗選主因之一。從初選開始，桑德斯原本看似氣勢如虹要爭取民主黨提名，但他的個人素質終究拖累自己。一路追蹤桑德斯競選之路的記者曼陶菲爾在《華盛頓郵報雜誌》撰文，寫到桑德斯與一個沒有醫療保險的病人會面：[8]

> 他對數字信手捻來，但顯然不太知道怎麼處理情感。這時候最該做的是擁抱對方，然而伯尼（桑德斯）卻沒這樣做。他只伸出一隻長長的手臂去拍雷恩肩膀，同時跟對方握手，然後就沒有更進一步接近。這表現實際上就是保持距離與人互動。

也就是說，桑德斯對弱勢者就算有再多想法、再多顯而易見的關懷，但他在共情這方面卻有問題，而這也就成了他的要害。

拜登

拜登不是二〇二〇年美國總統大選最聰明的參賽者，他經常失言，講過不少讓人懷疑他心智敏銳與否的話。他在民主黨黨內辯論表現最多只能說無功無過。然而，拜登卻擁有共情能力。「喬伯伯」確實關心他的同胞人民，人民也傾向信任他。他的關懷是真情流露，而人民看得到這點。

與川普和柯林頓類似，拜登有著自然而然以情感為本與人民打成一片的傾向。事實上，他習慣伸手臂去摟別人，還差點因此惹上麻煩。但也正是這種情感連結的傾向給了拜登某種程度保障，讓他在發言失當或辯論表現不佳時能被民眾原諒，因為他是「喬伯伯」。拜登還有一點跟川普相同，他們的形象都是不完美的普通人。有一次，拜登被某個支持者問到他兒子杭特加入烏克蘭布里斯瑪企業董事會所引發的爭議，他的反應竟是當場開罵：「你這傢伙，你說謊！」他的失態馬上又得到民眾諒解，因為人民覺得跟他有情感連結。新冠疫情爆發時，拜登踏上他的優勢主場，以一個「寬慰者總領導」的角色向全國發表演說。

所以說，拜登這個年老、心智渾沌且經常講錯話的人，竟然能在總統選舉賽場上贏過華倫與布塔朱吉這些更聰明、準備更充分的候選人，這絕非意外。這些人就是不像拜登那樣富有溫情，因此無法讓民眾在情感上產生共鳴。本書寫作時，拜登幾乎已穩操勝券會成為民主黨提名候選人；據我們的猜測，既然拜登表現出的共情能力比川普要更真實，這會讓川普在二〇二〇年美國總統大選時難以招架。[9]雖然此時（二〇二〇年五月）川普的賭盤勝率仍舊較高，但我們預測共情能力的重要性會日益增加，而這會給拜登優勢。正如《華盛頓郵報》所示，川普最大的罩門就是他與旁人的共情鴻溝。[10]

英國脫歐運動與強生

在英國，我們也見識到政治活動走情感路線是多麼有效。英國脫歐運動最初只是象徵性表達痛恨歐盟和移民（受歐盟支持），就算提出脫離歐盟的主張，內容也缺乏論理成分。在教育程度較高、收入較高的人口裡，有很高比率的人並不支持英國脫歐。然而，鄉間的人、教育程度低的人覺得自己追不上經濟變化，這樣的人夠多，於是英國脫歐公投就通過了。英國脫歐運動也有個充滿個人魅力的金髮倡議者（跟川普一樣）強生；雖然人們在他身上看不出多少聰明才智，但強生卻懂得怎樣在情感上與公眾連結，因而能夠取勝。

歐洲右派

歐洲出現民粹主義的不只英國一個國家。刺激英國脫歐的諸多因素（如移民、失業、缺乏工作機會等問題）也都出現於歐陸，讓「非友即敵」的情緒論點有機會冒出頭來。極右反移民黨派在匈牙利、奧地利、德國與義大利等國都贏得大量選票。煽動人心的政治人物在環境變化之下如魚得水，投身於淺薄的情緒論點和尋找代罪羔羊的活動，這正是歐洲民粹右派擴張的大好時機。

結論

人工智慧從兩方面推動情感政治，它改變我們參與使用的媒體性質，讓這些媒體變得更片段化、個人化。還有，它很容易就能生成假新聞，或是修改圖片與影片內容，讓有心人更方便以此操弄民眾情緒。[11]

世界朝向情感經濟在變化，這讓政治人物發現新的機會。民粹主義政治人物在全球各地變得更受歡迎，他們激起民眾情緒，導致人民分裂。政治場上，競選策略也從邏輯推論演變為情感說服。於是，我們現在可以看到一些成功的政治人物，他們對事實知識缺乏掌握，也沒有合理的策略，但擁有與大眾共情（或假裝共情）的能力。隨著情感經濟日益進展，這種以情感為主的政治大概也會變得更常見。

第八章

教育應該怎樣改變

當前的教育系統是設計來培育思考經濟工作者，但很早以前的教育並不是這樣；至於未來，情況也很快又要變了。實體經濟重視的技能種類與現在非常不同，而當思考經濟取代實體經濟，教育系統也被迫調整。今天，情感經濟開始取代思考經濟，那麼類似的調整就又要再進行一遍。當前價值最高的技能可能不久之後就會貶值，這表示我們需要一場教育革命。在情感經濟裡，最有價值的技能應該是共情、[1]情感智慧、溝通以及人際關係，而這些技能需要另一種教育來培育。思考經濟的許多工人未來將面臨大規模失位，因為職場競爭所需技能已經變成情感經濟技能；這顯示再技能化以及進修教育的必要性有所提升。

實體經濟下的教育

我們習慣認為教育是在學校裡進行，但歷史上很長時間裡最重要的教育都發生在學校之外。教會主要負責道德教育，至於日常工作所需技能教育大多透過學徒制來進行。如果工作不需技能，那小孩通常還沒長大就得開始工作。因此，以前常可見到孩童在農地、工廠或礦場裡長時間工作，做一些很耗體力的事。當時所謂教育只要讓人學到足夠能力，也就是讓人足以完成必須的體力工作，那就夠了。

於是，實體經濟下大量的學習都與肌肉記憶、手工熟練度以及體格力量有關。只有少數菁英得以專注於數學、哲學、閱讀與寫作等思考技能，但這些人通常都是王族或教士。早期大多數大學都是源自基督教修會，主要辦學目的則是訓練神職人員。現代觀念下的普遍教育是很晚才有的現象。舉例來說，美國在一八七〇年只有百分之二人口高中畢業。[2] 既然實體經濟本質如此，社會上忽視思考技能也就不會造成太多負面影響。

當前作法：思考經濟下的教育

等到思考經濟興起，而這基本上與工業革命同時，社會上就需要更多人擁有能力解決超出日常的心智思考問題，不能只限於少數菁英。此時，社會需要的是工程師、會計與律師這類人，因為農業為主的實體經濟已經讓步給都市化程度高的思考經濟，改變的腳步也加快許多。

思考經濟裡，最中心也幾乎不受質疑的預設，就是教育的目的是教人思考。由於教育內容變得複雜，教育所需時間也增長。比方說，工程師可能需要理解並能夠使用微積分，但在微積分之前他／她一般必須學習代數與幾何，在這之前又必須學會簡單算數。結果就是思考經濟愈進步，教育時間就拉得愈長。舉個例子，美國人口裡完成高中教育的比例從一八七〇年的百分之二增加到一九六九年的百分之七十七，[3]而接受過四年以上大專教育的人口比例則從一九四〇年的百分之五增加到今天的百分之三十五。[4]

這套教育方式在思考經濟下確實發揮作用。過去二百年來，思考經濟工人的技術能力大幅提升，證據隨處可見；我們只消把今天的醫療照護水準跟一百年前相比，或者想想過去一百五十年來有多少驚人的發明與科技成就，事情就會一清二楚。工作者被教育成為思考者，創造出汽車、飛機、電腦、智慧型手機、電視、收音機、登月火箭（以及飛到更遠的太空飛行器）、抗生素，還有網際網路。正是因為思考經濟教育方式如此成功，導致我們幾乎無法想像這套教育可能不再正確。然而，我們還是要得出結論，說思考經濟教育方式已經愈來愈不合時宜了。

思考經濟教育方式為什麼不適用於情感經濟

讓我們設想某間公司要雇用一名程式設計師，眼前有兩名候選人——程式設計師甲與程式設計師乙。假設甲能力高於乙，或者甲要求的工資低於乙，那甲無疑會被公司聘用。現在，讓我們把這情況擺到今天，想想人工智慧的能力日益提升，導致同樣情況下候選人甲可能是人工智慧，而候選人乙才是人類。那麼，公司就絕對會用人工智慧來代替人類做這些工作。

現實生活情況可能稍微比這複雜。大多數工作崗位都涉及多種工作內容，其中某些部分可能人工智慧比人類擅長，但在其他部分又是人工智慧不如人類。這樣的話，公司或許會用人工智慧來做它擅長的部分，同時雇用人類來做人類智慧擅長的部分。問題在於，思考工作恰恰正是人工智慧最適合發展的理想領域。我們在本書中其他地方也說到，人工智慧執行高難度思考工作的能力正在迅速提升，比如人工智慧已經能在西洋棋與圍棋這類複雜棋戲中擊敗人類對手，在醫學診斷這類工作上也常做得比人類更好。

這都代表什麼呢？意思是說，如果某些學生繼續專攻特定思考工作，而這類工作又是人工智慧愈來愈拿手的項目，那這些學生實際上就是在做白工。他們最好改去專攻那些人工智慧比較不容易取得進展的領域，也就是說他們需要接受另一種教育。

教育變革

我們過去也見識過這類教育變革。當第一波自動化風潮取代體力勞動之後，汽車就不再由人手打造，而是由生產線來組裝，導致許多工廠勞工失業。同時，農場與礦場也變得更機械化，造成同樣的勞動者失位情況。就這樣，大量缺乏思考技能訓練的體力勞動者在毫無準備的情況下進入思考經濟。今天的美國有不少工業區（就像俄亥俄州、印第安那州、賓州或威斯康辛州）還在癡癡盼望製造業工作崗位回歸，而毫無原則的政客（抱歉連用兩個含意相同的詞）典型做法就是向選民保證只有自家黨派才能把工作崗位帶回來。無奈的是，事實上這些工作崗位已經**不會**回來了，解決問題之道唯有進行另一種教育。大量體力工作者需要重新訓練，才能在當前經濟型態中競爭。然而，既然經濟型態現在正往情感經濟轉變，那麼思考技能或許可以幫助工人在今天擁有競爭力，但到明天卻又不一定了。

理工科技能——死路一條？

思考經濟之下，價值最高的技能就是理工科技能，包含科學、科技、工程與數學。這類技能在思考經濟裡供不應求，許多需要理工科技能的工作崗位都招不到人。據稱全美國空缺的理工科工作崗位竟有二百四十萬個，其中不少是高薪工作，特別是資訊科技公司很難招夠符合資格的人。[5] 以美國為本的理工科人才庫不足以供應就業市場，導致這些產業想要招聘符合資格的移民，而這些移民大多來自印度。與此同時，美國政府的移民管制讓任一國家每年移入美國人數都有上限；其結果就是，依據美國加圖研究所的資料，拿 H1B 簽證（發放給理工科技能移民）的印度移民可能要排隊等上一百五十年。[6]

上述現象可能讓我們覺得理工科技能是找到好工作的關鍵，所以教育應該更加大力強調理工科技能。我們完全認同理工科技能在當前實際上非常搶手，至於在理工科工作崗位任職者更是大賺特賺。本書第一作者（拉斯特）主修的是數學，他發現這些技能在他擔任大學商科教授時非常有用。所以說，諷刺的是，我們的結論竟然是理工科技能可能很快就要大幅貶值，且它的重要性其實已經在降低了。

人工智慧的進步讓演算法愈來愈能模擬大多數或所有理工科技能，也就是今日備受重視的那些技能。因此，等到情感經濟更加發展，理工科技能的價值就會變得不如現在。到時候，人類勞工就得去發展那些可以**補足**理工科技能的技能，因為理工科技能轉交給人工智慧的情況會愈來愈多。目前已經有些聲音，呼籲理工科工作者擴張自己在核心理工科技能之外的能力。[7]

某些分析者已經得出結論，認為一個人只有理工科的「一技之長」已經不夠。不過，Mozilla 共同創辦人之一與董事會主席貝克卻在理工科高峰年會上表達相反意見。她表示，理工科工作者必須接受範圍更廣的訓練，花更多心力去了解理工科工作崗位怎樣影響他人、影響整個社會。羅德島設計學院提倡一種新概念「STEAM」，就是把「藝術」（arts）的首字母加入理工科（STEM，四個字母分別是科學、科技、工程、數學的首字母）裡面。[8] 這種建議是對情感經濟發展過程中過渡階段的反應。前面我們討論過，思考技能可細分為分析技能（相對而言容易被人工智慧模仿）與直覺技能（相對而言不容易被人工智慧模仿）。在過渡階段，人工智慧所著重的主要是分析技能；人類若要跟上，就不要再那麼強調核心理工科技能（本質上是分析技能），而必須將更多注意力放在創造性、藝術性與直覺性的技能。因此，這個「A」所代表的藝術技能就變得更重要了。

不過，說到底，所有理工科技能都受人工智慧威脅，這才迫使勞動者去發展情感經濟所需求的人際技能。這情況已經有苗頭了。就連世界上領頭的科技公司都發現理工科技能已經不敷所需。舉個例子，某份研究谷歌公司人力資源資料的縝密報告顯示，谷歌雇員工作崗位最相關的八種技能裡，最末一種才是理工科技能，[9] 而其他更重要的已幾乎都是「軟性」人際技能。這才是教育應該走的方向。

情感經濟裡的教育

情感經濟之下，教育強調的重點必須朝軟性人際技能改變。這類技能涵蓋共情、情感智慧、溝通、人際關係，以及教導和領導。人工智慧應該還要再等數十年，才可能在這些領域跟人類成功競爭。

現今不少學校的環境是這樣：學生走進教室，跟其他數十名（甚至數百名）同學共處一堂，在那裡被動聽課。他們或許偶爾有機會舉手發問，但大多數人在整堂課都是消極參與，可能在記筆記，也可能只是拿著智慧型手機發訊息或上網。回到家裡或宿舍，他們做的事情就是讀教科書。學生有時或許會寫報告，但通常他們主動發起的唯一溝通就是在考試時解答多選題。這樣的教育無法讓學生適應情感經濟。

情感經濟的教育會非常不一樣。目前許多大學學生都是在宿舍裡，或是在大學的兄弟會姊妹會獲得情感經濟教育，反而比較不是在課堂上。如果人際技能的重要性已經躍居首位，那我們就必須讓學生彼此互動。本書第一作者（拉斯特）在他執教的大學課程裡用幾種不同方法來滿足這個需求：

1. **讓學生分成小組工作**。本性文靜的學生需要學習怎樣在人際環境下更有力與有效地發揮作用，而過度伸張自我的學生則需要學習何時退讓一步。不同的意見，或是不同的背景，能讓學生不得不去理解並欣賞與自己不同的觀點。於是，在這種環境下，學生就被推動著去發展更高的共情能力與情感智慧。
2. **讓學生發展教導與領導技能**。一個人就算天然擁有領導技能，也需要學習知道什麼時候該使用這些技能，以及怎樣使用最好。拉斯特在北卡羅萊納大學唸企管碩士的時候是學程裡最年輕的學生，他的大多數同學年紀都比他大，經驗也比他多。拉斯特雖擁有天然的領導技能，但他也花了一段時間才明白：自己的小組有時需要這些技能，而他在這些時機必須主動出頭展現這些技能，才能讓小組有效運作。如果沒有小組工作，拉斯特就學不到這件事。

3. **讓學生上台做小組報告**。在組織環境裡，有效的口頭報告是進行有效互動的先決條件。還有，以群體方式做報告會更促進小組內部交流。這樣的設計能讓學生積極進行實地操作、體驗群體決策動態。
4. **經常給學生小組書面作業**。跟上台報告一樣，這種作業也能培養學生在群體中有效發揮作用的必備技能。此外，這還有助於培養學生的書面溝通技能；要知道，當前教育環境之下，學生的書面溝通技能經常缺乏發展。

總而言之，情感經濟教育本質更具人際取向，比現在的教育要多得多。不過，當某個部分更受強調，那其他部分就會比較不受重視。以情感經濟教育來說，變得不受重視的就是科技這部分——也就是更可能被人工智慧取代的理工科技能。

思考經濟工人的再訓練

典型的「矽谷理工宅」就像是電視影集《矽谷群瞎傳》和《生活大爆炸》裡面取笑的那種人，也就是長於科技但拙於社交的人。但我們在本章前面講過，這種刻板印象就算在矽谷也已大致過時。現在，勞工必須擅長人際關係才可能取得成功，就算是在谷歌等科技公司也一樣。這種情況給純種理工科工人造成很大壓力，比如美國作家卡寧的小說《懷疑者年鑑》對此就有極佳的戲劇化呈現。此書描寫一名聰明絕頂但社交零分的數學家遭到埋沒，而他那位不夠聰明但較有社交能力的系主任則在專業領域飛黃騰達。未來，理工科明星會需要接受再訓練，才能在情感經濟裡成功與人競爭；隨著情感經濟日漸發展，這方面的需求只會愈來愈高。

這時候，進修教育就必須扮演重要角色。我們可以說，過去這個社會把實體經濟工人再訓練成為思考經濟工人的時候做得很差，但到了現在，我們在思考經濟到情感經濟的轉型期應該要能做得更好。大學可以是進行再訓練的主要場所，而這表示大學應該設立針對理工科工人、主要以「軟性」人際技能為重點的新課程或延伸課程，此事很重要。

結論

情感經濟會讓教育徹底轉變，讓當前無條件強調思考技能的態度成為過去，改為重視情感技能與人際技能。因此，我們也應更加注意進修教育，來協助科技業勞工獲得更全面的能力、更能與別人順利互動。教育裡，小組工作不可或缺，加強溝通技能也是必要的。共情和情感智慧等課題將成為教育的核心。

第九章

消費者使用的人工智慧

很多人以為人工智慧只是商家在用的工具。的確，商家使用人工智慧的地方實際上非常廣泛，但消費者也在用人工智慧，且一般人的生活方式還因此受到極大影響。更有甚者，人工智慧正在有系統地改變人類本性。在一個萬事離不開人工智慧的世界裡，消費者行為會跟過去老一輩天差地別。本章會先討論人工智慧的三種智慧層級，然後舉例說明機械人工智慧、思考人工智慧與情感人工智慧是怎樣（或說將會怎樣）回應消費者的需求。機械人工智慧已經相當常見，其影響也已大致呈現。思考人工智慧是目前最大的變化所在。至於情感人工智慧目前已有實例，但它最明顯的影響仍待未來觀察。我們先探索消費者現在（或未來）使用人工智慧的各種方式，然後再來看變化中的消費者本身——看使用人工智慧的消費者怎樣因為這場合作而被大幅改變。

消費者使用的機械人工智慧

機械人工智慧太平凡、太普及，以至於我們經常不覺得它是人工智慧。消費者用的機械人工智慧實例通常是取代人類體力工作的應用系統，或是讓機器接手重複單調的工作。為了明確呈現它是什麼、它在做什麼，我們會來探討幾個常見例子。這種例子非常非常多，但下面所舉的應該會給我們一些感覺，讓我們知道機械人工智慧能為消費者做什麼。

一個很多消費者都在使用的例子就是自動剎車系統。在它出現之前，消費者如果開車行駛雪地或溼滑路面，該做的事就是把剎車一踩一放：踩剎車，然後放開，然後再踩剎車，然後再放開，動作要快速，連續不斷。這樣做的目的是為防止剎車鎖死，但它需要很高的體力與身體協調性。自動剎車系統能自動執行這項任務：如果駕駛踩下剎車，同時輪胎與路面的摩擦力又夠小，那自動剎車系統就會開始執行一踩一放的動作，且速度比一般駕駛踩踏要快得多。這能幫助汽車在路上直線行駛，並降低危險的打滑機率。

「心律不整」表示患者心臟跳動過快、過慢或是過度不規律，比如「心房震顫」就是心律不整的一種，危險性很高。心律不整的患者若未接受治療，可能造成多種不好的結果，例如中風或心衰竭。為了處理問題，醫生常在患者身上植入心律調節器來掌控心跳快慢。雖然心律調節器會造成一些讓人感受不好的限制（例如患者可能無法進行高強度運動，因為那需要讓心臟快速跳動），但它們一般都能讓心律不整獲得控制，給消費者一個正常的生活。

幾乎所有人都使用某種形式的鬧鐘，但很少人會想到這也是人工智慧。是的，鬧鐘確實是一種人工智慧。它以一種大部分人難以做到的程度緊密注意時間進行，然後在適當時間叫醒使用者。這是重複且單調的工作，但人工智慧可以做得很好。

洗碗盤、晾碗盤，這用人手來做就很瑣碎煩人，於是導致全自動洗碗機變成消費者喜愛的家電。這套裝置會選擇適當水溫，將碗盤打溼，用洗碗精洗滌，然後烘乾，時間分秒不差。同樣的，電動洗衣機與烘衣機如今也是隨處可見。消費者就算家中沒有這兩樣家電，去當地洗衣店花錢使用也很方便。

做家事時用吸塵器吸地，既需要時間也需要力氣。掃地機器人能自動進行這項任務，讓消費者把時間空下來做別的事，也讓身體殘障的人能清掃地板。

機械人工智慧是最早給消費者使用的人工智慧應用系統，它在人類社會已經不可或缺。

消費者使用的思考人工智慧

思考人工智慧是當前進展最快的人工智慧種類。它能為消費者做的，是接手某些消費者可能不想做或沒有能力做的思考工作。下面是幾個常見例子。

據 *Statista* 資料庫的估計，二〇二〇年全世界智慧型手機總量約有三十五億。[1]智慧型手機不只是手機而已，它能連接網路，讓消費者簡單做出大部分人無法心算的困難數學計算；它還能使用搜尋引擎來找出並挑選最相關的網站，以便回應特定要求。其他介面如亞馬遜的 Echo 也能提供這類協助。

數位助理在今日無所不在。從蘋果手機的 Siri，到 Google 助理，再到亞馬遜的 Alexa、三星的 Bixby 以及微軟的 Cortana，數位助理能協助處理的工作範圍廣泛，包括回答問題、訂購物資、控制家電，還有其他幾乎種類無限的內容，甚至包括某些人類都還沒想到的事。[2]隨著時間累積，這些數位助理變得更能掌握所謂「背景脈絡」，於是在個人化這方面也就做得更好。

全球定位導航系統，比如 Waze 和 Google 地圖，簡化了找路前往目的地的艱鉅導航任務，就算消費者從沒去過這些地方也沒問題。過去我們出門前必經儀式就是拿起一張或一本地圖來規劃路線，現在我們可以一邊走一邊把這工作交給人工智慧來完成。

文字處理也是一種很受歡迎的人工智慧應用系統。以電子郵件軟體為例，它通常具備拼字與文法檢查的功能。某些應用程式甚至還能針對簡單問題自行起草回信。這類應用系統替消費者節省時間，也讓消費者不再那麼需要具備完美的拼字與文法能力。

Netflix 提供我們又一種思考人工智慧範例。當我們面前有成千上萬部電影任君挑選，要決定看哪一部就變得非常困難。

為了解決這問題，Netflix 使用很複雜的算法，依據使用者過去行為與表現出的偏好來推薦相應電影。對任何一個消費者來說，要靠自己搜尋出所有相關選項並加以分析都太花時間。類似的推薦算法也被其他許多領域的應用系統使用，比方說網路連結（如 LinkedIn）、音樂（如 Pandora）以及新聞（如 Google 新聞）。

「擴增實境」是一項逐漸嶄露頭角的思考人工智慧科技。在市場上曇花一現的 Google 眼鏡（配戴者常被罵是侵犯他人隱私的「四眼狗」）與某些新創公司如 Oculus 都在推廣這項科技。擴增實境連結網路後就擁有智慧型手機的知識與計算能力，且還要再加上把資訊投影成視覺圖像的能力。舉例來說，當一名消費者走在街上，他就能獲得該地理位置所有可供逛街的選項，甚至（可能做到）看見任意路人的臉就辨識出對方身分。

思考人工智慧應用系統的數量正在快速增加；當人工智慧發展出更高的思考智慧，我們也能預見這類應用系統會有驚人成長。

消費者使用的情感人工智慧

在供給消費者使用的情感人工智慧這方面，目前還沒太多發展，但未來潛力無窮。這類應用系統目的是要滿足消費者某些社交與人際關係需求；對那些社會連結較少的群體，比如許多孤獨老人來說，這類功能特別重要。情感人工智慧應用系統通常專門處理社會連結與人際關係等方面，下面就是幾個現有的情感人工智慧實例。

一個早期例子是人工智慧自然語言治療機器人ELIZA，由麻省理工學院人工智慧實驗室的維森鮑姆在一九六〇年代設計出來。ELIZA只有最簡單的認知能力，大多時間都只是把病患輸入過的字句拿來重複使用，再添上一些鼓勵性的評語，然後讓病患繼續發揮。有趣的是，研究者發現很多病患會對ELIZA產生強烈情感，把電腦程式當成活生生的人一樣。這顯示情感人工智慧不須十全十美就能有效，因為人類自然而然會投射自己來認定這類社交應用系統擁有意識。

孤獨是許多人面對的嚴重問題，比如日本很多年輕男性發現戀愛娶妻大不易，導致他們有重要的需求無法滿足。日本的Gatebox公司針對這些人的需求推出一種全像「老婆」，命名為「逢妻光」。她能透過電話與擁有者交談，告訴對方她是多麼想他，並在擁有者回家時表現出非常高興的樣子。雖然她在物質上受限（本身是個全像圖），但至少能解決擁有者的某些情感需求。[3]

如果消費者不滿足於柏拉圖式戀愛，市面上也有性愛機器人可供選用。新一代性愛機器人已經超越典型的充氣娃娃（就是一九八〇年電影《空前絕後滿天飛》的笑點之一），且還能與使用者進行對話。這款機器人名為「Harmony」，它除了本身實體人工智慧所能發揮的功用之外，還可以與人交談並從中逐步學習。[4] 二〇〇一年由史匹柏導演的電影《A.I. 人工智慧》裡，主角之一是個男性性愛機器人，可謂預示了當前這些性愛機器人的出現。

另一群需要關照的孤獨人則是老人。根據美國退休人員協會所贊助的一項研究顯示，有三分之一的老年人是孤獨的；這就是情感人工智慧的商機所在。都柏林三一學院研發出一種老人照護機器人，命名為「Stevie」。Stevie 的應用實例之一是在華盛頓特區附近某處樂齡設施，它面對住客的病痛會表示難過，能跟住客交談，會說一些安慰的話，甚至還會幫忙領頭做帶動唱。[5]

某些應用系統還想賦予機器人更多責任。日本的 Henn na Hotel 這間旅館原本幾乎完全交由機器人來運作，連前台站的都是人工智慧恐龍與其他機器生物。不幸的是，機器人目前能力應付不了黃金時段客流。最後旅館老闆因此裁撤掉大約半數機器人，剩下的只用來做它們能有效進行的工作。[6]

雖然當下進展有限，但某些情感人工智慧的成功實例也已存在。既然社會上孤獨問題愈來愈嚴重，那情感人工智慧未來的發展機會簡直不可限量。

消費者的變化

消費者使用人工智慧時，自己也會被改變，因為他們會將過去慣於進行的工作交給人工智慧完成。如果要看清此事影響，那從歷史角度出發會很有助益。機械人工智慧已經替消費者執行大多數體力工作，結果導致消費者變得較不注重體格，而將更多注意力放在思考工作與情感工作。這就是說，現在的典型消費者比較是思考取向而非體格取向。

當思考人工智慧逐漸發展，它對消費者的影響也可預期。在這裡，消費者會變得比較**不那麼**思考取向，因為消費者的許多思考工作都由人工智慧接手。其結果就是消費者變得愈來愈強調情緒、共情與感性。意思是說，消費者與典型工人正以同樣方式演變——遠離思考，增加對軟性技能和人際關係的注意。

消費者變得愈來愈具情感取向，這會促進商業朝情感方向轉變。商家需要有更強的情感智慧，才能服務受情感驅動的消費者。在情感經濟之下，商家與消費者都變得更感性化、更有共情能力。我們可以舉客服人員來當例子，客服工作中簡單、重複性高的部分（如提供資訊、約時間之類）會由人工智慧來完成。不過，遇到非常規問題的消費者會更可能帶著情緒來尋求服務；這樣的話，收到人工智慧上報問題的客服人員就必須具備比傳統客服人員高得多的共情能力。消費者的情感性會形成如下所述的回饋迴路：

> 消費者較為重視情感→商家必須變得更重視情感→導致消費者更加重視情感→如此這般循環。

結論

我們在商業界看到強化情感性質的趨勢，而同樣現象也發生在消費者身上。商家必須降低他們對消費者思考智慧的評估，例如不再要求消費者執行困難的指令或計算。反過來，那些原本交由消費者用思考智慧處理的事，現在商家必須設法把它們交給人工智慧完成。消費者與商家的互動介面經常是由人工智慧來驅動，也就是機器對機器的連結（例如透過亞馬遜 Prime 的網站或手機應用程式來買東西）。這樣的話，人工處理的部分就主要是情感連結。為了與消費者的情感相應，面向顧客的人員必須更具備共情能力，於是又導致消費者變得更受情感驅動。

這裡舉一個有趣的例子，主角是我們最近剛拿到博士學位的研究生傑瑞德，他是非裔美國人，想買一輛車。他最初接觸的業務行事風格較具思考取向，於是跟傑瑞德一拍即合，因為讀到博士的人屬於地球上最具思考取向的群體之一。這位業務做事很能幹，努力配合傑瑞德的互動偏好。可惜的是，接下來傑瑞德就被轉交給一名非裔美國人業務，原因想必是為了配合他的文化背景與種族。這位新業務知道將來做生意會愈來愈靠情感，於是他就跟傑瑞德打感情牌，不僅稱呼他是「我的黑人兄弟」，還用上其他的感性訴求。由於消費者變得愈來愈受情感驅動，這種做生意的方法在大多數人身上都行得通。問題在於這並不是傑瑞德想要的。然而，我們可以知道的是，將來像傑瑞德這樣具思考取向的消費者會愈來愈少；情感性的銷售方法通常效果會最好，因為隨著人工智慧接手更多思考工作，消費者也會變得更加情感化。

第十章

情感經濟管理學

當我們從思考經濟進入情感經濟，管理方式也應隨之改變。新時代最大的要點就是人工智慧不再視為人類下屬，而是變成人類的搭檔，雙方互相合作完成工作。人工智慧將成為平等的隊友，也將在團隊中接手愈來愈多思考工作。本章要探討的重點就是怎樣去管理這個合作關係。

所以說，在情感經濟裡，管理者需要更了解人類智慧與機器智慧在三個智慧層級，以及在不同網路化程度之下的相對長處所在。

人類－機器合作，而非機器增強人類

我們採用「合作智慧」的概念，意思是人類與機器在三個人工智慧層級上互補，人類善用人工智慧的網路連結能力來改善工作與生活。之所以用「合作」這個詞，是為了避免人類中心觀點，以為人類可以控制機器的智慧層級與發展路線，且機器是設計來服務人類的。相反地，這裡我們將人類與機器視為平起平坐，並希望這樣的合作能在良好管理下讓雙方都受益。人類－機器合作（或互補）代表人類與機器依據各自的智慧本質（即學習方法與擅長領域）分工做各自擅長的事。這跟思考經濟下的「增強」概念非常不同，因為「增強」表示機器應該輔助人類（人類優於機器，機器被用來「增強」人類）。「合作」裡面沒有人類優越論，只有人類－機器的平等關係。機器不只是服務人類，也能從人類智慧獲益。這是情感經濟管理學的一個大重點。下面我們會討論人類與機器的相對長處。

人類的長處。人類的某些長處很難被人工智慧模仿。（情境式的）機械（直覺）思考，以及（生物學的）情感智慧，這些都是人類的長處。

情境式機械智慧涉及眼手足協調、手指與手工的熟練度、面對面接觸，以及在特定場所的實質存在感，這些都是機器難以單獨做到的事。[1] 服務業與製造業之間差異很能呈現此事微妙處：服務供應涉及情境共創，但實體商品生產則與此無關（意思是生產與消費可以分開）。這項差異導致服務業的自動化程度遠低於製造業因資訊科技（即機械人工智慧）造成的自動化，因為人類（目前）提供情境服務的表現優於機器。這就是經濟學家奧托與多恩觀察到的：低技能服務業工人數量增加、美國勞力市場因電腦化而兩極化。[2] 就算技能難度不高，只要是情境化的，那人類就能做得比較好；於是這就給了製造業非技能工人再技能化的機會，讓他們可以變成思考經濟裡的服務業非技能工人。過去的工廠勞工現在成為思考經濟下的優步駕駛與外送平台 DoorDash 的外送員。

直覺智慧是人類從環境與互動中吸收累積的直覺或常識，它以真實世界為基礎，是對外在世界的深厚了解，不是從正式教育裡學到的。[3] 一般人有時會採取「決策捷徑」，犧牲準確性換取效率，比如行為經濟學裡的「有限理性」，[4] 或是心理學家佩蒂與卡切波所提出「推敲可能性模型」裡面的「說服的邊緣路徑」。[5] 讓我們以汽車廣告為例說明。邊緣路徑之所以稱為「邊緣」，是因為消費者看到汽車廣告時未必以審慎理性態度考慮這輛車的價格和品質，卻可能只注意站在車旁那位美女。廣告裡充斥這類性誘惑，但「為了美女而買車」的行為卻是機器不會懂的；機器很難以這種方法做事，也很難用邏輯來理解這種行為。這個例子告訴我們，雖然直覺與常識據稱是一般智力的前提，但卻是人工智慧很難做到的事（這裡可以再加上語言理解，因為理解語言不只要理解文法，還需要理解背景文化）。[6]

人類情感智慧是人類辨識自己與他人情感，並以適當方式回應的能力，它涉及察覺情緒、在工作中施用情感，以及管理情緒的能力。[7] 我們在生物智慧那裡已經討論過，人類情感裡有生理學的成分，這是生物先天擁有的。情感是一種全面性的體驗。神經系統裡發生的化學變化與思考、情感和行為反應都有關，[8] 所以我們把情感切割成個別生理學要素後，就無法保持情感原來樣貌。這樣說來，情感的全面性體驗或許就是造成情感人工智慧無法真正掌握情感的主因，差之毫釐失之千里。

機器很難模擬這些人類能力。人工智慧專家麥克道夫與澤文斯基在《ACM 通訊》發表文章指出，就算研究者研發出看似具備情感意識的機器，且在這方面不斷取得進展，但具身智慧體和機器人永遠不可能體驗人類生理反應、體驗這些生理反應向外投射的實際情感（例如心跳加速或身體放鬆）。[9]

機器的長處。人工智慧持續在進步，而此處討論的人工智慧長處大致是以當前的人工智慧（主要是以類神經網路為基礎進行機械學習）智慧層級為準。現在機器做不到的事未必永遠是人工智慧的極限。以智慧層級來說，目前機器的長處是機械智慧、機械（分析）思考，以及（分析）情感智慧。

機器在機械智慧這方面早已贏過人類，實例就是一代又一代的工業革命將經濟由製造業轉變為服務業，機器取代低技能製造業工人的地位，推動這些工人進入服務業。我們在第一章與第二章已經用大量篇幅討論此事。就算在智慧型機器出現之前，人們在執行規律工作時都還是覺得傳統電腦比較聰明，因為它做得比人類更快更精準。

機器的學習方法是機械學習，所以思考和情感層級的機械智慧都是以資料和分析為基礎。正如狹義人工智慧的應用所示，若有強大算法並輸入適當資料，我們就能訓練機器在特定工作上做出優於人類的成績。這樣的話，只要給機器輸入認知或情感資料，我們就能訓練機器表現出思考與情感智慧，只不過背後原理都是分析性的。這類以分析為基礎的思考與情感智慧能夠迅速處理大數據，其表現遠遠超出人類的資訊處理能力。

三種機械智慧的主要成果

機器的長處在於機械工作、分析性的思考工作，以及機械性與分析性的情感工作，這就呈現機器所能達到的三種主要成果，也就是我們在前面幾章討論過的三種經濟型態主要經濟輸出。這裡我們要更深入探究機器怎樣造就這些成果。

用機械人工智慧達成標準化。機械人工智慧只進行最低程度的學習與調適，它高度依賴預安裝的算法與資料來生成標準化的輸出，目標功能是將錯誤降到最低。因此，它是用來進行標準化的理想工具。我們在第一章〈實體經濟〉已經討論過由機器推動的標準化成果。用機械人工智慧來進行標準化，這件事在進入情感經濟後仍有市場。舉例來說，我們在《行銷科學學會期刊》發表的〈由科技推動的服務策略〉文中提出一種「速食服務」策略，使用時機是顧客對服務的要求皆為同質，但其潛在顧客終身價值較低的時候。在這種情況下，機械人工智慧可用來將服務自動化以提高效率，[10] 實例包括速食店點餐與送餐、自助服務、廉價服務和處理常規問題的客服。使用機械人工智慧後，常規的、重複的人工服務就轉變成自助服務，或是以標準化輸出進行量產。舉幾個例子，一台配備感測器與攝影機的智慧型冰箱可以檢測食品存貨情況並自動補充短缺商品，旅館裡的客房清潔服務機器人能取代人類雇員來執行常規打掃工作，協同作業機器人（協同機器人）能協助打包，無人機則能配送實體商品。上述這些應用系統的目的都是要造成標準化的、水準一致的、可靠的結果。

我們在〈成為機器人的熟客……〉一文（發表於《服務研究期刊》）列出幾種可以使用機械人工智慧來進行標準化的情況，包括：[11]

- **達成成本領導**。如果公司採用成本領導策略，強調卓越營運，那就可以用機械人工智慧來自動化服務程序以降低成本。服務程序愈標準化，就能靠機械人工智慧達成愈高程度的程序自動化。比方說，麥當勞就用機器人來送餐給顧客，某些公司也用虛擬機器人來執行客服工作。
- **進行配送**。機械人工智慧在配送這方面非常具有發展性，因為配送工作如運送、交貨與付款都較具常規性與重複性。使用機械人工智慧能提高公司的配送效率，也讓顧客更方便，比如自動支付或自動配送能讓顧客享受到流暢無礙的購物過程。亞馬遜的「一鍵購買」功能就是經典實例，顧客只要點按一次就能完成購買程序，不必經過「加入購物車」、「填寫配送資料」、「填寫信用卡資料」等繁複步驟。身為電子商務巨擘，亞馬遜投資大量成本並實驗用各種機械人工智慧應用系統來配送它的提供物（包含商品與服務），例如亞馬遜 Prime Air 的配送無人機。

用思考人工智慧達成個人化。個人化是思考人工智慧所能給出的關鍵成果。個人化的需求是以一個前提為基礎：每個顧客都獨一無二。這跟過去大量生產的時代非常不同。在過去，商家的預設是顧客想跟其他人（如他們的鄰居或某些名人）用一樣的產品，而商品的吸引力也就由此而來。大數據的可用性與人工智慧的分析能力讓大規模個人化變得可行，使得消費者能獲得符合自身喜好的個人化商品與服務。思考經濟時代的科技較難達成這種規模的個人主義，但因為人工智慧的思考能力日益增強，它在做區隔的時候就變得愈來愈有針對性，其邏輯終點就是一個個最小尺寸的區隔，亦即「個人化」。

我們看過各種分析人工智慧應用系統在這項用途上的應用實例，例如 Netflix 的個人化電影推薦、亞馬遜的個人化網路購物、線上比價平台，以及個人網路銀行服務，諸如此類。幾乎所有有大數據可用的商家都能據此進行個人化。這種個人化是以資料為基礎，但不表示我們只能用大數據來進行個人化，因為小數據也是可用的。

- **大數據個人化**。若要進行個人化，不必非得依靠大數據不可。進行個人化時輸入的資料可以是大數據或小數據。這點我們先是在〈科技推動的服務策略〉文章裡加以討論，後來又在〈成為機器人的熟客……〉文中進一步擴展論點。大數據個人化需要檢驗大量顧客的資料來找出某些模式，藉此針對個別顧客提供更好的服務。

這種方法在無法取得縱向資料的情況下依舊可行。比方說，亞馬遜使用的協同過濾技術就是一種大數據個人化，利用類似想法顧客的資料來推測焦點顧客喜好。在二〇一三年電影《雲端情人》裡，人工智慧個人伴侶用的也是大數據個人化。這種個人化還很適合用來辨識可能的目標區隔；機器往往能夠發現人類找不到的獨特區隔，這或許是因為人類的思考框架很僵化吧。

- **小數據個人化**。另一方面，小數據個人化只有在取得縱向資料後才可行。它是靈活的、動態的。[12] 小數據個人化比大數據個人化更困難，因為以目前的機械學習算法與模型來看，從稀少資料中學習所得通常會比較不精密、不準確。小數據個人化的發展潛力尚未獲得普遍認同，但以管理的角度來看應該是意義重大。舉個例子，像 Alexa 這種智慧型個人助理能用縱向小數據來學習，長期累積後就能對消費者的問題給予更佳答案。《紐約時報》刊載過托普爾的「人工智慧飲食」實驗，妥善呈現了小數據個人化發展潛力。托普爾參與一個人工智慧飲食實驗，用智慧型手機應用程式追蹤吃進去的食物與飲料，並用感測器來監控血糖值。他的資料跟其他參與實驗的消費者資料都被拿去分析，依此設計出一個供他專屬的個人化飲食算法，幫助他吃得更健康。最後推薦給他的飲食計畫是完全依他的資料個人化訂製，而非像所謂「地中海飲食」那樣，是把每個人視為跟別人一樣，然後推薦一套通用的飲食計畫。[13]

用情感人工智慧達成關係化。情感人工智慧所能給出的主要成果就是關係化，意即「個人化的關係」。從本質上來說，任何人與人之間的關係都是不同的。如果要真正達成關係化，那就需要真正的情感機器，也就是能夠認知、模擬情感並做出適切反應的機器（我們會在第十三章〈情感人工智慧〉進一步討論）。以下我們只講現今科技可以做到的兩種應用：

- **用機械情感人工智慧達成標準化**。機械情感人工智慧，例如以文字為基礎的客服聊天機器人，是用來執行非技能的類機械情感工作。這類工作雖然包含互動與溝通，但其內容可以相當標準化、常規化，例如在網站上回答常見問題，因此可能交由人工智慧來進行。
- **用分析情感人工智慧達成個人化**。分析情感人工智慧，例如 Affectiva，是使用情感分析（如以聲音為基礎的聊天機器人使用聲音探勘分析）來將自己與顧客的互動溝通個人化。這需要用分析人工智慧來分析情感小數據，得出特定顧客偏好的溝通風格。

不同智慧層級下的合作

人類長處、機器長處以及不同機器智慧帶來的利益，在在暗示出人類－機器合作的多重景象。表 10.1 摘要呈現各個種類的合作智慧。在每一個智慧層級裡，我們都可以把人工智慧的聰明程度設計成不如人類、跟人類相同，或是超越人類。一般通則是最好讓低層級人工智慧與較高層級人類智慧合作，前提是當前人工智慧還做不到該層級的人類智慧。於是，這就形成合作智慧的自然邊界條件。我們在表 10.1 裡討論每一種情景。

機械人工智慧＋所有層級的人類智慧。機械人工智慧可以跟人類的情境機械智慧合作。舉例來說，協同作業機器人就用

表 10.1　情感經濟管理學

利益關係者	意義
公司	• 改變思維方式，將人工智慧與員工視為團隊，而不是用人工智慧來取代或增強員工。 • 認知到將私密資料轉為公用資料所能產生的力量，以及此事在提供消費者標準化、個人化與關係化等利益上的意義。 • 在經營公司、雇用人員，以及與消費者互動時變得更具情感智慧。
消費者	• 更了解自己與他人的情感和情感需求。 • 認知到（個人與集體的）私密資料之力量，以及此事在隱私問題上的意義。 • 以情感智慧為目的進行再技能化、養成多元技能，或技能提升。

來源：作者自製。

來當作人類現場作業員的軀體延伸，像是幫助廚師與外科醫生處理可能對人類有害的工作（如廚房裡的熱湯熱油）或達成更佳表現（精密手術）。

機械人工智慧能與人類合作，造成更佳的思考表現。例如車用感測器就能蒐集行車資訊，讓駕駛的表現更好，也讓保險公司藉此決定保費。

機械人工智慧也能與人類合作來造就更佳的情感智慧。以 Fitbit 智慧穿戴裝置為例，它能蒐集使用者生理資料，來幫助使用者了解自己的情感。前面談過的人工智慧飲食例子也是使用智慧穿戴裝置與感測器來蒐集生物資料，協助消費者做更健康的飲食選擇。某些人認為，這類生物科技穿戴裝置有很大潛力可以用來讓自閉症兒童理解他人情感。虛擬實境與擴增實境用來給予人類虛擬體驗，或是讓虛擬體驗變得更真實（或更好）。一個例子是家具零售商「宜家」利用虛擬實境和擴增實境，讓顧客預覽新家具擺在自家的樣子。

分析思考人工智慧＋直覺與生物情感人類智慧。分析思考人工智慧加上直覺人類智慧，這種合作就像是用狹義人工智慧（擅長特化工作）來跟一般人類智慧（擅長一般工作）合作解決問題或做決策。比方說，時尚服飾公司 GAP 就用針對時尚潮流的預測性分析來協助人類設計師，以便設計出更符合顧客偏好的衣服。Tailor Brands 公司推出的線上服務「Logo Maker」則能將品牌標誌設計視覺化，幫助顧客自行設計品牌標誌、發展品牌行銷策略。我們可以預期，這類合作，也就是用人工智慧為人類的判斷提供分析基礎，將會在許多領域大放異彩。

至於分析思考人工智慧加上情感人類智慧，這種合作則可能成為專業軟性服務業工人（如行銷經理）的極大助力，因為思考人工智慧能負責大部分分析工作，把情感工作留給人類。舉個例子，影像識別人工智慧能辨別出可能的皮膚癌病例（這是機器在圖形識別方面的優勢），再讓人類醫生負責與病人互動溝通的情感工作。我們可以預期，這類合作將在協助人類辨識、標記與管理情感的各個領域有極佳發展。應用思考人工智慧來協助進行憂鬱症診斷和治療，或是協助自閉症兒童辨識並標記情感，這些研究都已在順利進行。

分析情感人工智慧＋生物情感人類智慧。分析情感人工智慧能夠分析、識別與模擬人類的互動和情感（文字、圖像、聲音或影片），因此它能在許多方面提高人類情商。舉例而言，當我們在社交媒體上進行互動，我們可以用情感偵測人工智慧來知道對方是高興或不高興、是否被惹得生氣，或是覺得對話很無聊之類；人工智慧將情感分析提供給使用者，讓使用者更能感知並回應他人情感。在社交媒體上，對話時使用表情符號是約定俗成的表達情感方式，而此事可由機器以更個人化或系統化的方式來進行。在行銷方面，Cogito 公司推出的聲音分析工具能幫客服中心工作人員辨識顧客心情，提供改良互動的指引；IBM 推出的感性分析工具 Watson Tone Analyzer 則能讓聊天機器人偵測顧客語調，據此調整對話中的談話策略。

Affectiva 提供各種領域的分析情感人工智慧服務，例如行車時偵測駕駛是否打瞌睡並發出警告，或協助廣告商量測消費者對數位內容的情感反應，諸如此類。

不同網路化程度下的合作

還記得人工智慧的兩個定義性特徵嗎？自我學習能力，以及連接網路的能力。人工智慧與人類智慧不僅能在不同智慧層級達成合作，還能在不同的網路化程度達成合作。

如果說不同智慧層級的合作智慧是取決於人工智慧的算法／模型能力大小，那不同網路化程度的合作智慧就取決於人工智慧用以學習的輸入資料價值高低。倘若沒有優良的算法／模型，那人工智慧就跟傳統無調適能力的科技差不多；倘若沒有優質資料，那人工智慧就無從學習。

人工智慧的網路連結能力可設計為零、局部，或完整，以便放大效益。下面我們會分別從公司和消費者兩方面對網路人工智慧的使用來討論人工智慧－人類智慧的合作，因為這類合作成功與否很高程度取決於雙方對資料價值與資料所有權的戰爭。

一間公司使用網路人工智慧的程度，是由公用資料的價值來決定。所謂公用資料，就是公司能夠獲取來輸入機器的資料。與此相對的是私密資料，也就是只有資料所有人（可能是第二方資料所有人、競爭對手，或是消費者）能取得的資料。

資料愈多，資料的異質性與精確性愈高，供給人工智慧學習的價值也就愈高。

至於消費者使用網路人工智慧的程度，則是由私密資料的價值來決定。私密資料是只有消費者本人能取用的資料，可能是個別存在於消費者的個人裝置或帳戶裡，也可能是集體存在於消費者的社交網路上。對消費者來說，私密資料的價值跟隱私權問題是一體兩面。當私密資料價值愈高，就表示資料外洩造成的利害影響愈嚴重。於是，當私密資料的價值愈高，消費者也就愈不願意使用網路人工智慧。

下面我們分別討論公司與消費者使用不同網路化程度網路人工智慧的情況。圖 10.1 呈現雙方各有哪些選項。

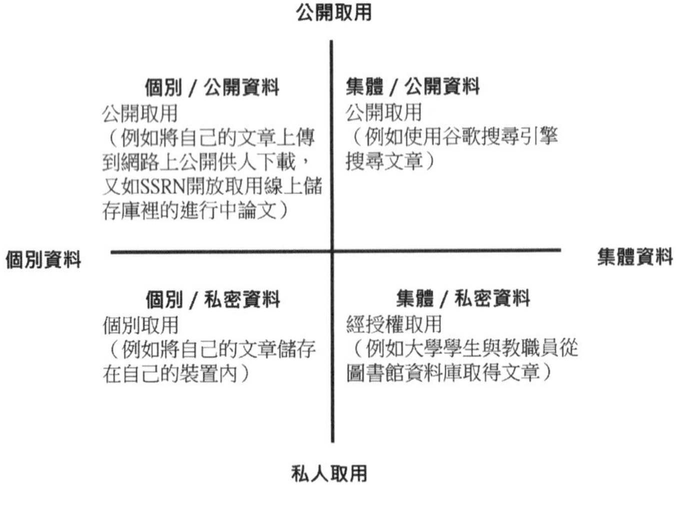

圖 10.1 消費者怎樣使用人工智慧（來源：作者自製）

公司有哪些選項。當公用資料對公司的價值愈高，公司就愈會傾向使用網路化程度較高的機器。所謂「有價值資料」的條件可以包括更多可取得的資料、更異質化的資料、更精確的資料，以及更相關的資料，諸如此類。在這些條件下，網路人工智慧能從資料中獲益。反過來說，如果大部分資料都是私密的（亦即可取得的資料有限）、同質的（即資料數量增加卻不影響資料價值）、不精確的（即資料品質不佳）或不相關的（即缺乏學習價值），那公司更好的做法或許是設計獨立的單機系統。綜上所述，公司在設計人工智慧時可以依據公用資料價值決定其網路化程度高低。

- **單機人工智慧策略**。這種策略是將人工智慧設計成在資料提供者（即消費者）與資料接收者（即公司）兩端都是單機運作。公司將自己這邊系統的網路連接能力設置為零或有限，而消費者則在私下使用這類單機人工智慧。這種策略適用的情況是：公用資料放大效益的價值受限，因為大部分資料都是私密的、同質的、不精確或不相關的，導致人工智慧無法憑藉從公用資料學習而增加效益。這樣的情況下，使用個別人工智慧策略就已足夠。此外，這種策略還能讓消費者感到隱私受保障。舉個例子，生產掃地機器人的 Roomba 公司聲稱他們絕不將消費者那裡的建築物平面圖上傳至雲端，只會將這些資料儲存在本機，也就是個別的掃地機器人裡面（就算從其他消費者的建築物平面圖學習，也不會增加清掃特定消費者房屋的效益）。

- **單機－網路（雙邊的）人工智慧策略**。這種策略是將人工智慧設計成在公司這邊（後端）連接網路，但在消費者這邊則是單機。這種策略適用的情況是：公用資料價值很高，但消費者是在私下與人工智慧進行個別互動。這樣的情況下，公司能在後端放大消費者獲得的效益，而消費者在前端與智慧裝置互動時則感到隱私受保護。有很多個人助理人工智慧都用這種策略，例如 Alexa、Siri、智慧家居，以及情感伴侶型的人工智慧。
- **網路人工智慧策略**。這種策略是將人工智慧設計成在公司與消費者兩端都連接網路。其適用情況是公用資料價值高，所以讓人工智慧擁有完整的網路連結能力，且消費者是集體與人工智慧互動（而非私下）。當資料價值夠高，這種策略就能將效益規模最大化。舉例而言，導航應用程式 Waze 用的是所有連線駕駛的輸入資料，據此向每一個連線駕駛提供最佳路線。

消費者有哪些選項。當人工智慧連接網路，消費者就能讓開放資料發揮最大價值，但他們也必須決定保有個人資料私密性的程度。

- **使用個別人工智慧**。在這個選項之下，所有資料都維持私密。如果消費者只使用個別人工智慧，那就表示他們寧願犧牲所獲得的效益加成，來維護個人資料的私密性。比如說，穿戴型人工智慧能紀錄消費者的健康資料，它不會連上網路，只使用記錄下的私密資料，在提供服務時確保消費者隱私。

- **使用雙邊人工智慧**。在這個選項之下，只有部分資料維持私密。當消費者在私下場合使用網路人工智慧，他們就將公用與私密資料區分開來；兩種資料都有價值，但消費者想要區別二者。以這種消費場景而言，消費者是與後端連接網路的單機人工智慧進行互動。面對消費者的單機介面確保使用環境的私密性，讓私密資料只儲存在本機；連接網路的後端則讓機器能從公用資料學習。個人助理 Alexa 就是一個例子 —— 消費者在私下場合個別向 Alexa 問問題，然後 Alexa 從網路上取得資訊來回答問題。
- **使用網路人工智慧**。在這個選項之下，所有資料都開放公司使用。當消費者在公開場合（或集體）使用網路人工智慧，所有的資料就都成為公用，包括消費者的私密資料。意思是說，這些資料集結起來的價值極高，導致消費者甚至願意分享自己的私密資料。分享平台與社交媒體資料都是典型例子。

在情感經濟裡提升生活與工作品質

前面的討論呈現各種智慧層級、各種網路化程度下所能實現的人工智慧－人類智慧合作。這些合作有時可能出問題，我們在設計機器時可能以「增強」人類為目標，結果機器的自我學習路徑卻不往這個目標走。我們可能是以遵照消費者隱私要求的方式來使用資料，但網路連結的大環境卻未必「治安良好」（比如 Facebook 動不動就出現的個人資料外洩問題）。因此，我們必須更懂得怎樣管理這些合作，以便讓結果往好的方向發展。

這樣說來，如果要在情感經濟裡提升生活與工作品質，那就需要情感經濟在公司與消費者這兩邊都往好的方向發展，因為人工智慧與人類智慧在三種智慧層級都能達成合作，其效益可由人工智慧的網路連接能力最大化，且公司與消費者雙方都能使用人工智慧。從合作觀點出發，可以讓公司與消費者之間達成互惠關係（雙方皆可用機器來代理）。

下面我們討論公司和消費者雙方該怎麼做才能達到這種成果，讓情感經濟變得更好。

情感經濟公司管理要訣。我們認為，公司應該（1）將人工智慧與員工視為合作團隊，而不是用人工智慧來取代或增強員工；（2）認識到將私密資料轉變為公開資料的力量，以及此事對於提供消費者標準化、個人化與關係化等效益的意義。還有（3）在經營事業、雇用人員、與消費者互動時變得更具備情感智慧。

- **人工智慧與人類智慧團隊合作**。我們前面一再以區分「合作」與「增強」的方式來強調這一點。公司應該要明白，情感經濟下的工作場所注定是人工智慧與人類智慧平等合作，而不是由人工智慧或人類智慧單獨主宰。所以說，公司應該改變思維，不是用人工智慧來取代或增強員工，而是讓人工智慧與人類智慧合作。[14] 這樣的合作表示情感經濟特定工作崗位裡的情感工作會變得更由人類員工負責，並將更多思考工作交由人工智慧處理。意思就是，人工智慧與人類員工必須依據前一節簡述的機器－人類三種智慧層級合作方式來進行團隊合作。不同的工作崗位會有不同工作內容，那以機器－人類的合作來說，典型情況就是人工智慧會接手數量更多的思考工作，而人類員工會花更多時間在情感工作與彼此互動上面。
- **認識到公用資料的力量**。私密資料與公用資料之間界線是流動的；私密資料愈有價值，則消費者愈有動機維持它們的私密性，但同時公司也就愈想要取得這些資料。所以說，公司在管理私密－公用資料的界線時，應該考量使用機械人工智慧產生標準化效益、使用思考人工智慧產生個人化效益，以及使用情感人工智慧產生關係化效益的限度在哪裡。比方說，我們可以大致只靠公用資料就達成標準化，可以靠集體私密資料達成個人化（如利用消費者的社交媒體資料來達成適應性個人化），但要達成關係化就主要得靠私密情感資料，而這也是消費者比較在乎隱私權問題的資料種類。如果我們把界線外推到讓所有私密資料公用化，這對公司來說很有誘惑力，但也可能因為極高程度刺激到隱私權問題而招致反效果。

- **具備情感智慧**。公司應該更著重商業經營的感性與共情本質，更能理解與因應員工和消費者的情感需求，以此獲取（與維持）生意。在過去，機械人工智慧將機械工作自動化，替思考公司（如微軟）創造機會；現在，思考人工智慧正將愈來愈多思考工作自動化，替情感公司（如 Facebook）創造新機會。正因如此，公司必須具備更高的情感智慧。進一步說，情感智慧可能成為多元人口國家（如美國）在全球經濟競爭裡的相對優勢。就算那些較專制的國家在另兩種智慧方面擁有相對優勢，它們管理情感智慧的能力可能就比較差。較先進經濟體的致勝策略是強調情感智慧，而不是走實體經濟的回頭路去競爭低成本生產（我們在〈實體經濟〉那一章談過中國仍在積極發展製造業），或是還繼續強調思考經濟來跟思考人工智慧正面對決（例如積極發展硬性服務業、軟體工業的印度）。

消費者的情感經濟管理要訣。我們認為消費者應該做到（1）更了解自己與他人的情感和情感需求；（2）認識到私密資料的力量，不論是個別的或集體的，以及它們在隱私權問題上的意義；（3）針對情感智慧進行再技能化、養成多元技能，或技能提升。

- **了解情感需求**。情感經濟之下，消費者會更在意自己的情感。現在的消費者，尤其是年輕消費者，早已習慣不論何時何地都要透過電腦與智慧型手機在社交媒體上進行互動。這個「互動變成常態」的變化，導致消費者的消費抉擇更加依靠情感與社交互動。舉個例子，我們已經見到現代人使用情感速記法的程度高到史無前例，比如在人工智慧所促進的社交互動中使用表情符號（這點我們在第四章〈表情符號的時代〉談過）。這類互動似乎有著與其他類型文字互動不一樣的準則。當消費者因為使用思考人工智慧的程度提高而愈來愈不重視思考、愈來愈強調情感，當分析思考人工智慧被用來促進消費者的情感知覺與其管理，那消費者就需要更了解自我情感與他人情感，此事變得更重要。
- **認識到私密資料的力量**。私密資料就是力量。私密資料愈有價值，消費者在經濟交易裡掌握的權力就愈大。所以，消費者應該認知自己「資料擁有者」身分所賦予的力量，而不是把此事簡單劃歸所謂「隱私權問題」，搞得好像害怕喪失資料控制權是一種負面態度一樣。只要效用獲得大於隱私損失，消費者應該允許公司使用他們的私密資料；反過來說，倘若效用獲得小於隱私損失，消費者就該拒絕把私密資料交給公司取用。消費者如果能深刻認知自己私密資料的價值（與這些資料能造成的效用獲得），以及這些資料開放取用程度變高會導致的代價，那就能幫助自己穩穩掌握自身資料控制權。

- **情感智慧技能**。當人工智慧的思考能力愈來愈強，消費者就必須針對情感智慧把自己再技能化、養成多元技能，或進行技能提升。我們在第三章討論過求職者的就業技能需求（見表 3.2），但同樣道理也可以用在消費者身上。情感經濟之下，消費者需要增強自己的情感智慧，進行再技能化（適用於本來非常不擅長人際技能與社交技能的消費者）、技能提升（增強自身人際與社交技能），或養成多元技能（適用於本質擅長思考的消費者）。我們在社交媒體上看過太多例子，是某些消費者因為人際與社交技能不佳（如網暴他人、發表尖酸刻薄言論）而有意或無意地傷害其他消費者。

公司－消費者的互動也有所改變

公司與消費者不是完全個別獨立使用人工智慧，兩者間的互動也會改變，而此事就涉及我們怎樣能在情感經濟裡過得最好。下面我們會討論這些變化在三種智慧層級與不同網路化程度下的一些重要含意。

都是機械人工智慧的錯？當公司與消費者雙方都能以人工智慧為代理者來進行經濟交易，那傳統的信託與責任機制可能就不適用於這種機器對機器互動。舉個例子，消費者從宜家購買某樣家具時，可能是用虛擬實境或擴增實境來獲得更有沉浸感的數位體驗，那他們就是全面或局部在跟機器互動，而不是跟人類員工互動。雙方都必須警覺到這是一條更長也更複雜的互動鏈，並做好準備來造就雙贏局面。假使消費者對自己透過虛擬實境買下的家具不滿意，那宜家有責任提供全額退款嗎？美國記者艾莉森．帕克在鏡頭前慘遭殺害，影片又被人放到YouTube 網站上廣為流傳；艾莉森的父親安迪．帕克要求谷歌（YouTube 的母公司）移除這些影片，但谷歌的回應是要他自己看到這類影片就舉報，然後平台這邊才會進行移除。問題就在於，谷歌可以用人工智慧來自動將影片上傳到 YouTube，但死者的父親安迪只能手動去檢查，這導致他幾乎不可能徹底找出每一部被上傳到 YouTube 的影片。安迪要求谷歌自動檢查出這些影片，並問谷歌是否有用人工檢查上傳影片的內容。谷歌回答說，除了機器以外，公司還有一萬名人類員工在負責此事；但這個回答也遭到質疑。這個故事呈現了公司與消費者之間的權力不對稱，公司比較能使用人工智慧為代理者，但消費者可能缺乏這樣做的同等能力。

被思考人工智慧貼上刻板印象標籤？人工智慧與其應用系

統也無法完全脫離偏見、歧視與反感。谷歌的人工智慧部門主管賈南德烈就提醒大家要注意人工智慧偏見，像是人工智慧把人類的偏見也學習起來這類情況。[15] 就算我們把某種科技針對特定目標去設計，我們也很難預見這個科技最後會不會被用在這個目標，或是用到什麼程度。二〇一九年，《紐約時報》的〈觀點文章〉專欄圖像編輯奇諾伊提出一個問題：「我們會不會因為長得像罪犯就比較容易變成罪犯？」據他觀察，美國移民及海關執法局對駕照上的照片使用人臉辨識；他批評這種依據臉部表情辨識情緒的做法，認為這有「生物決定論」之嫌。依照生物決定論，一個人的本質是由他的基因組成（例如種族和性別）來決定。[16] 我們前面在第八章指出，現在的管理者與管理學教育都沒有為下一代打好情感與情緒智慧的基礎。既然機械學習不是全然中立，那公司與消費者都更應該去了解機器怎樣學習、了解機械智慧與人類智慧的不同。公司必須發展策略來消除人工智慧偏見之禍，而消費者則需要了解這些偏見，以便更能面對存有偏見的機械學習。

因情感人工智慧而變得更孤單？隨著情感經濟興起，許多公司都花心思照顧消費者的情感需求，且把人工智慧用在此處（大多是機械情感人工智慧或分析情感人工智慧）。某些消費者從貼心的公司那裡獲得情感安慰，但某些消費者則覺得跟機器互動已經足夠，因而更少與人互動。如何處理人類對人工智慧系統的情感依賴，這是一個該注意的問題。

當我們使用更多情感人工智慧，會不會導致更多人脫離真實人際互動？美國老人的孤單程度愈來愈高，但就算有了家居伴侶機器人，可能又會導致某些消費者感到更孤單，或是更與真實世界社交互動脫節。現在有愈來愈多消費者選擇跟機器互動而不跟人互動。新冠肺炎爆發期間，社交距離的問題強迫我們大幅提高依靠機器進行社交互動的程度；而我們之中很多人並未因此獲得慰藉，反而感到更寂寞、更孤單。這段經驗呈現機器無法完全取代人類彼此的社交互動。公司與消費者雙方都得找出「與機器互動」和「與人類互動」之間的平衡點。

關掉個人化功能？當消費者有比較嚴重的隱私權問題時，他們應該要能夠把「個人化」功能關掉，以便維持個人資料私密性。然而，如果維持資料私密性的消費者變多，公司能用來提高效益的公用資料就會變少。這樣說來，公司與消費者應該設法促進資料分享與使用的良性循環，而不是搞出一個惡性循環導致公司最後無資料可用，連帶造成消費者也只能從公司處獲得有限利益。下面我們以存取網路原創內容為例，進一步闡述消費者可以怎樣管理私密資料供人取用的程度。

消費者可以把資料存在私有裝置、帳戶或是雲端，讓資料的可取用程度有所差別。**資料存在裝置**的可取用（可搜尋）程度最低，這些資料是個人的／私密的資料，只有裝置所有者能夠存取（例如把你自己的文章存在你的智慧型手機裡）。**資料存在帳戶**的可取用程度有限，只有獲得授權的個人能夠存取（例如大學學生與教職員可以從大學圖書館資料庫取得你的文章）。**資料存在雲端**可供公開取用，也就是任何人都能用

Google（或其他搜尋引擎）搜尋你的文章。下面我們假設某個消費者自己寫了一篇論文，然後以這篇論文可以怎樣存取為例來說明：

- 只允許私人存取的個人資料：消費者將這篇論文存在自己的電腦裡，不跟任何人分享。這是最低程度的資料存取，也就是只允許私人存取。這篇論文在網路上搜尋不到。消費者通常會這樣處理自己還沒寫完的論文。
- 允許公開存取的個人資料：消費者將論文以「進行中論文」的形式上傳到網路，允許其他所有消費者下載。我們可以看到很多作者都用這種方法來在正式發表前讓自己的論文傳播出去。
- 只允許私人存取的集體資料：只要消費者屬於某間大學，他／她就可以透過大學圖書館授權來取得這篇論文。
- 允許公開存取的集體資料：這篇論文可被其他消費者透過 Google 公開搜尋來取得。

結論

本章重點講述公司與消費者在情感經濟下提升工作與生活品質需要做出的改變。此時人工智慧會接手更多思考工作，人類員工則更將心思放在情感工作；不論是管理者或消費者，都會在更平等的基礎上與人工智慧合作，這是個逐漸增加的趨勢。到時典型的情況會是人工智慧扮演支援角色，去支持人工智慧不易達到的「較高」層級人類智慧。資料賦予人工智慧能力，於是控制資料就變成很重要的事。當消費者取得並使用自己的人工智慧，他們會開始將這個權力不平衡的狀況拉回均勢。這表示，對公司來說，聰明的做法就是對顧客資料採取比較開明的觀點，以消費者的意願為依據來調整資料的網路化程度。

第十一章

道德、倫理與政府統治所受影響

情感經濟興起時，理應有不少新問題隨之出現，造成我們道德上與倫理上的挑戰，並對政府統治提出新的需求。情感經濟雖然創造新機會，但也會導致嚴重的工作失位問題，與此相關的還有收入與財富日益不均的危機。由於我們還沒完美理解怎樣管理人工智慧，於是思考人工智慧興起也可能造成意料之外的後果，其中之一就是全然合理的算法也可能導致偏見與歧視。此外，我們的隱私權也會受到威脅。

還有，新科技幾乎都會被用於戰爭，因此很可能成為新一場軍備競賽的基礎。甚至人工智慧說不定有朝一日就以意想不到的方式脫離人類控制。也有人擔憂人工智慧會造成危害，由此引出的問題就是我們怎樣處理使用人工智慧所致危害的責任歸屬。最後，如果人工智慧變得更有智慧，或許「機器人權」會成為一個必須探討的課題。

工作崗位減少

我們在前面章節討論過人工智慧接手更多思考工作而造成人類工作崗位減少的可能性。新的經濟型態雖然給出新機會，就像實體經濟過渡到思考經濟時的情況，但也有許多工作崗位就此消失或徹底轉型。當思考經濟興起，實體經濟工作崗位就減少，導致農夫、礦工與工廠勞工數量降低。同樣的，情感經濟也會威脅到許多思考經濟工作崗位。舉例而言，在美國擁有超過八百五十個廣播電台的 iHeartMedia 公司最近宣布要裁員數百人，原因最主要是為了打造「人工智慧賦能卓越中心」，讓他們能夠現代化，「投注大量資源……於科技和人工智慧」。[1]

重點就是，我們該如何以人道方式面對工作崗位減少的問題，協助勞工避免被淘汰的命運。我們在第八章討論過其中一種方法：再技能化。思考經濟勞工特別需要再技能化，發展情感智慧、共情、溝通以及人際關係相關技能。想當初，有很多實體經濟勞工面對思考經濟興起而不知所措，那我們現在也不該以為思考經濟勞工會自然地、易如反掌地發展出必要的新技能。意思是說，政府可能必須扮演很重要的角色，出力扶持人們重新立足就業市場。

參考歷史上的前例，我們可以想見現在該做什麼。比如說，二次大戰結束後，美軍士兵回家復員時，聯邦政府就提出《美國軍人權利法案》，給予退役軍人受教育的機會。許多低收入者以此為跳板躍身為中產階級。如果我們今天有類似的計畫，就能幫助思考經濟勞工學習必要技能，以便讓他們在情感經濟裡能夠競爭。這類計畫需要非常驚人的投資，但只有這樣才能避免大量工人被淘汰而導致社會動盪不安。

財富不均

我們知道思考人工智慧正在推動情感經濟時代來臨，但或許很少人知道思考人工智慧也必然造成財富不均情況更加嚴重。德國經濟學家施瓦布在《第四次工業革命》一書中表示，人工智慧讓公司可以用更少工人賺更多錢，而勞工拿到的薪資正在下降。[2]原因在於，當人工智慧執行對社會有價值的工作，所得利益是到了資方而非勞方手裡。換句話說，原本是一千名工人組裝一輛汽車，現在可能變成只有少數幾名技師來管理人工智慧來組裝汽車；其結果就是所獲利益有更多落入機器所有者（資本家）口袋，而工人所能分得的更少。法國經濟學家皮凱提就在《二十一世紀資本論》書中列舉資方而非勞方獲取過多利益的各種負面影響。回歸本書主旨，我們最關鍵要知道的是人工智慧所獲利益大多都由擁有者（資本家）取走，而非勞工。

如果人工智慧擁有者拿走的利益百分比愈來愈高，那就會有大量原本賺取高薪的勞工變成分不到一點點。我們在思考經濟將工業與農業自動化的時候，就已經看到那一代的人身上發生這種失位情況。當此事導致大規模失業，政府的反應是打造更強韌的社會安全網，比如美國就在小羅斯福的「新政」之下設立不少提供就業崗位的聯邦機構，並建立起社會安全系統。

對此，美國經濟學家弗里曼提出一種解決之道，就是將財富擁有者從少數人變成多數人。[3] 換言之，資本家應該把賺來的錢分享更多給勞工。這個解決方案困難之處在於：資本家幾乎不可能同意這種安排。除非政府從上而下要求分配收益，否則這計畫大概難以成功。

隨著情感經濟興起，我們或許需要一些類似做法，來幫助那些被時代遺落的人。目前提出的一個想法是「全民基本所得」，也就是一個國家裡的所有人都被保障獲得最低收入，足以維持他們負擔飲食與住屋的能力。有人質疑這種政策是否會導致道德崩潰（也就是說，如果坐在家裡就有收入，那人為什麼要工作？）；問題在於，不推行這種政策的話，社會動盪的威脅就可能會提升到無可容許的程度。

數學家博格西恩以理論和實證雙管齊下，證明只有重新分配財富才能防止社會變成少數人掌握絕大多數資產的「寡頭」型態。他用賭場為比喻，呈現一般傾向就是富者更富、貧者更貧，除非有重新分配的機制存在。許多進步的經濟裡都有這類重新分配機制（累進稅率結構）。[4] 至於那些未能建立起這類機制的國家（例如蘇聯垮台後的俄國），其社會就會變成「寡頭」型態。既然人工智慧會讓收入變得更不平均，或許我們就需要在財富重新分配這方面花更多心力，才能控制負面影響。

人類能力萎縮

如果人類不去施展能力，這些能力就會萎縮。舉例而言，實體經濟下很多工人都是體格強健，因為他們整天都在進行重體力勞動，如採礦、工廠工作或是耕田。隨著思考經濟興起，愈來愈多體力工作交由機器執行——此事在美國導致史無前例的人口肥胖問題，以及許多肥胖相關的身體疾患如糖尿病、心臟病和高血壓。

時至今日，當情感經濟興起，這次換成是我們的思考「肌肉」隨之萎縮。當人們做出批判性思考的能力降低，就會導致某些很嚴重的後果。比如說，民主政治只在人民充分獲取資訊且具備資訊處理能力的情況下才能有效運作，而目前這兩項條件都在減弱；其結果就像我們在第七章〈情感政治〉討論的，是個人魅力與感情用事勝過了智慧與理性。在美國，現實就是教育程度較低（也較貧困）的州現在主宰著參議院，於是導致前述問題更形惡化。該怎麼解決？答案實在不清楚。有這麼一種可能，就是一個純粹民主的體制已經不管用了；但我們也很難想出任何取代民主的有希望的方案。由此看來，就算只是為了維持政治體制順暢運作，我們的教育也至少需要維持最低限度的思考技能訓練。教育系統或許應該強調幾種與公民參政相關的思考技能，如（1）關於政府如何運作的知識，（2）學習評估某個論點的正確性，（3）學習評估某個資訊來源的可信度。

意外之災

目前為止，人工智慧所做的都是依照人類輸入程式所要求。但我們後面會在第十五章談到，這種情況不會永遠是天經地義。就算我們以為人類可以控制人工智慧，這個認知偶爾也會出錯。讓我們設想，有一個思考人工智慧系統被人類給予指令消滅癌症，這聽起來不錯吧？但我們最後可能看到，這個人工智慧發現最有效消滅癌症的方式就是消滅地球上所有人類。[5]

有人會反駁說，人類才不會愚蠢到這樣去設計人工智慧程式。但其實我們已經愈來愈難以理解思考人工智慧。舉例來說，「深度學習類神經網路」本質上就是個黑盒子。人類西洋棋棋手把人工智慧的棋路拿來研究，卻發現他們經常找不出人工智慧之所以走某一步棋的直覺原因。隨著人工智慧愈來愈發展，機器思考的方式應該也會愈來愈與人類思考方式分道揚鑣；於是我們要理解人工智慧在「做什麼」、「為什麼這樣做」的難度就會變得非常高。當人工智慧變得更令人看不透，發生意外之災的危險也就大幅提升。

人工智慧偏見

人工智慧也提高了歧視與偏見的危險性，其中某些情況是程式設計師無意間把自己的私人偏見傳給機器。然而，就算我們可以避免這件事，我們也還沒解決問題。最近一個例子是蘋果發行的信用卡 Apple Card，該公司使用人工智慧算法來設定信用額度，卻在不久之前鬧出昭然若揭的歧視案例，因此搞得很沒面子。諷刺的是，蘋果公司共同創辦人之一史蒂夫・沃茲尼克也成了受害者；他跟妻子都申請了 Apple Card，結果雖然他們夫婦是財務共享、住在一起，且收入相同，但史蒂夫獲得的信用額度卻比他妻子高出數倍。這樣看來，該公司的算法顯然是因沃茲尼克太太的女性身分而歧視她。

這種歧視表現對做生意有害無益。南加州大學商學院教授烏干瓦是馬里蘭大學博士，而依據她博士論文研究所得，就算歧視表現能獲取短期利益，但長程而言，在一般情況下，歧視會導致利益獲取降低。她於此得出結論，認為在這種環境下需要採取「群體盲目」方法（也就是不使用與性別或種族等有關的資訊）。[6]

就算「群體盲目」的政策得以推行，或許也無法完全彌補問題。原因在於，某些觀察變項可能會與受保護群體相關。以美國的非裔人口為例，他們平均而言可能收入較低、教育程度較低，且是群居起來與白人隔離（而這些描述都不符合烏干瓦這個非裔美國人的情況）。這樣的話，對收入、教育程度或居住環境的歧視可能最後看起來就是在歧視非裔美國人。檢驗歧視存在的主要方法，是看兩個分屬不同群體但其他條件都相似的人是否獲得同等對待。從這裡我們可以知道，僅憑簡單的統計，例如棒球經理裡面非裔美國人的百分比，是不足以證明歧視存在的。要怎樣在使用人工智慧時保護特定群體不受歧視，這是一個仍在研究中的問題，且目前還找不到令人滿意的答案。

另一種可能性是人工智慧會降低人類社會的偏見。這裡的思路如下：假使機器人加入勞動力，人工智慧勞工與人類勞工的差異大概會遠遠超越人類勞工之間差異，於是就「構架」出這樣一種比較，讓人與人之間的差別看起來變小了。這樣的話，針對人的偏見或許也會減少（但有可能出現針對人工智慧的明顯歧視！）。[7] 不過，假使人工智慧勞工不是人形機器人，那就不確定是否還能造成這種效果。

隱私問題

商用人工智慧通常使用消費者「大數據」來做事，可取得的資料愈多，事情就會做得愈好。這就導致商人把愈來愈多資料輸入給人工智慧，以便達成更佳的個人化。個人化的進步是雙贏局面，因為顧客也喜歡個人化服務；問題在於隱私和個人化不能兩全。此事的兩極可以用兩句名言來巧妙呈現，科幻作家艾西莫夫（也就是設計出著名「機器人三法則」的人）說過：「文明的進步只不過是把限制隱私拿來推行。」自由派作家蘭德則說：「文明就是通往一個隱私社會的進程。」拉斯特自己與坎南和彭娜合作進行的研究所得結論支持艾西莫夫的說法。如果政府不介入，科技進步就會導致隱私被削減。[8] 這表示隱私權的重要性必然增加，而學界應該積極研究怎樣在犧牲最少隱私的條件下達成個人化。[9]

殺手人工智慧

運用在戰場上的人工智慧愈來愈多，[10] 它能輔助飛彈或無人機發現目標，也能在人類不直接介入的情況下殺死目標。二〇一九年，一大批飛行無人機與巡弋飛彈表面上是瞄準伊朗或支持伊朗的團體，實際卻是突破沙烏地阿拉伯空域進行攻擊，對該國油田設備造成毀滅性損害。這場攻擊極其精準——精準程度遠超出單純靠人力引導所能做到。

人工智慧被當成殺戮機器，造成令人不安的道德困境。自動化的行動與反應固然迅速，但也可能在無意間導致惡劣後果。比方說，蘇聯在一九八三年就發生過一起假警報，他們的自動化系統顯示一枚攜帶核武的飛彈正對準他們飛過來；幸好當時有人介入，阻止蘇聯發動反擊。到了四十年後的今天，我們很容易想像這類系統變成完全自動化，徹底交由人工智慧來運作。這下子，我們可能會在沒有任何一個人做出人為決定的情況下陷入第三次世界大戰。

美國前國務卿季辛吉與谷歌／字母控股的施密特、麻省理工學院的哈騰洛赫一同討論人工智慧對國際防衛與安全的意義，認為人工智慧裡那些無法解釋的部分可能在這類情境下製造麻煩。假使一方無法理解另一方如何做決策，那威脅性的互動就會變得更難以預測。某些情況下，衝突中的某一方可能認為先下手為強發動攻擊才是風險最低的策略。[11]

責任歸屬問題

人工智慧出錯的可能性永遠存在，然後就會有人成為受害者。舉例而言，特斯拉電動車就曾經在自動駕駛情況下撞上卡車，導致電動車駕駛死亡；這類事故從二〇一六年開始已有紀錄。二〇一八年還發生過一輛優步無人駕駛汽車撞上過馬路女性的例子。

這類情況的責任本質其實不是很清楚。誰要為意外傷害負責？是人類使用者？製造商？還是人工智慧實體自身？如果把人工智慧犯的錯算在人類使用者頭上，這似乎並不公平；但反過來說，一開始顯然就是人類使用者選擇使用人工智慧，這才造成後續事件。這裡可以用槍枝責任問題來類比，如果某人開槍射中另一人，我們基本上都會責怪開槍者而非槍枝本身。依照這個類比，該負責任的就是使用人工智慧的人類。

另一方面，如果人工智慧本身製造出來的情況導致它不安全，那大概就是製造者的責任。在產品責任這塊法律領域，如果製造商在合理情況下應當知道自家產品有危險性，那通常製造商必須負責任。但這裡有一個問題，現代人工智慧的許多型態（如深度學習類神經網路）其實就是個黑盒子，因為它裡面很多決策原理難以解釋。也就是說，人工智慧本身可能具有危險性，但製造商卻並不知情。在這種情況下，我們要等產品推出了、被使用了，才會知道它有沒有危險性；這樣我們就無法清楚界定製造商是否還必須為此負責。

有朝一日，等到人工智慧已經足以在各方面媲美人類智慧，那我們或許就理當開始用另一種方式看待人工智慧。多少科幻小說、科幻電影的情節（如《銀翼殺手》、《雲端情人》）都預示過，深刻精微的人工智慧可能刺激人類產生強烈情感反應。到時，我們或許得開始把人工智慧（特別是人工智慧擬人機器人）當作更接近人類的存在，那麼要求人工智慧負責任也就變得合理了。

機器人權

世界上已經出現第一個機器人公民，漢森機器人公司製作的 Sophia 在二〇一七年被沙烏地阿拉伯授予公民身分。此事看來主要是為了宣傳作用，但卻引出一些重要課題，也就是我們該怎樣對待這些有智能的人工智慧實體，以及機器人是否跟人類一樣擁有基本人權。下面列出幾個例子，是人工智慧趨近人類智慧時引發的道德與政府管理問題：

- 人工智慧實體要達到何種層級的智慧，才會視為有受保護的價值？
- 如果我們把某個人工智慧實體關機，這算是謀殺嗎？

- 如果某個人工智慧的程式被改寫，它還算是同一個人工智慧嗎？
- 如果人工智慧做錯事，它是否有罪？是否應受懲罰（或被摧毀）？
- 人工智慧可以擁有財產嗎？
- 人工智慧可以投票嗎？
- 人工智慧可以參選嗎？
- 我們應該立法禁止歧視人工智慧實體嗎？

季辛吉等人建議創立一個新的研究領域「人工智慧倫理學」，以探索管理人工智慧的道德倫理問題。看起來，合理作法應該是將此一領域研究範圍擴大到包含人工智慧實體本身的道德倫理問題。

結論

當人工智慧日益進步，發展出愈來愈高的思考智慧，那情感經濟就得面對道德、倫理與政府管理相關的幾個重大課題。許多身處思考經濟工作崗位的人將被取代，導致整個社會亟需進行再技能化，以便讓失業的工人不會永遠失業。更多的工作將交由人工智慧（一般由資本家所擁有）而非人類勞工完成，因此導致人工智慧產生的財富更多落入資本家而非勞工口袋；這可能導致極端的收入與財富不均。我們或許需要採取強烈手段進行財富重新分配，才能把財富集中的情況抵消掉。與此同時，人工智慧獨占思考工作可能導致人類（在思考智慧方面）變笨，而這對資訊充分的投票機能與公民參與都會有不良影響。其他潛在的負面因素包括有偏見的算法決策以及喪失隱私。

人工智慧能力提高後，我們就不能再像過去那樣看待它們。如果人工智慧達到足夠高的智慧層級，它們會變得更像人類，不再像是一個口袋計算機。這會造成很大的問題，比如自動化戰爭、責任歸屬，以及最終的「機器人權」。有朝一日，人工智慧很可能不再是我們的僕人，變得更像我們的同儕，而引發一些棘手的道德問題。

第十二章

人工智慧創造力

人工智慧真能擁有創造力嗎？長久以來，創造力都視為人類獨具的能力。我們在前面的章節談過，目前思考人工智慧的智慧層級主要都是分析。雖然直覺人工智慧的研究已在推進，但這個智慧層級仍是電腦科學家突破不了的瓶頸。另一方面，我們也看到愈來愈多由機器創作的音樂與藝術；這些東西算是有「創意」嗎？你喜歡它們嗎？一個東西有沒有創造力或「創意」，這問題到底是由機器或是人類來判定呢？二〇一八年，《彭博商業週刊》封面刊登史丹佛大學研究員巴拉特用人工智慧繪製的圖畫；巴拉特將數千張例圖輸入機器，讓機器學習怎樣創作繪畫。[1] 這張封面圖看起來像是印象派畫作。此事是否呈現機器擁有創造力？我們會在本章嘗試回答這個問題。

機器怎樣學習？

我們在討論實體經濟時，只將思考人工智慧視為人工智慧的一種總體智慧。接下來討論思考經濟時，我們是把原本發表在二〇一八年《服務研究期刊》那篇〈服務用人工智慧〉裡的概念拿來用，列出四種人工智慧的智慧層級，從機械、分析、直覺到共情。[2] 如果要問人工智慧是否能擁有創造力，以及人工智慧要怎樣擁有創造力，那麼思考智慧層級裡的分析智慧與直覺智慧之區別就很重要，因為直覺智慧是人工智慧創造力的骨幹科技（情感智慧也對藝術創作很重要）。直覺智慧是從思考到情感之間的過渡階段，因為它讓機器思考從「理性」延伸到「有限理性」，允許用直覺與常識進行推論。

思考智慧的兩個層級正好符合機器的兩種截然不同學習方法。雖然現代人工智慧主要透過對應來獲取智慧（即「機械學習」），但對應並不是人工智慧唯一出路。我們在第二章〈思考經濟〉簡短討論過這點。下面我們更進一步說明這兩種學習方式，以便提供一個科技基礎，以此回應機器是否能夠擁有創造力、機器能擁有的創造力是到哪種程度，以及機器要怎樣擁有創造力這些問題。兩種學習方式都有無數的單一算法或算法組合可供使用，這裡我們只列出其中某些例子以便說明。

對應法。當前設計人工智慧的方式是對應機制，將機器設定為執行特定工作的狹義人工智慧。基本上，機器的學習是對應輸入對 (X, Y) 來輸出 Y = F(X) 的結果。我們用 (X, Y) 的對應來訓練機器（即單一類神經網路，或以深度學習的例子來說是多層網路）：如果是 X 則必對應 Y，且非 Y 即非 X。這就叫做「訓練」。經過訓練，機器就可以在接收到新的 X 時預測出 Y。[3] X 可以是任意資料、文字、聲音或影像，藉由算法

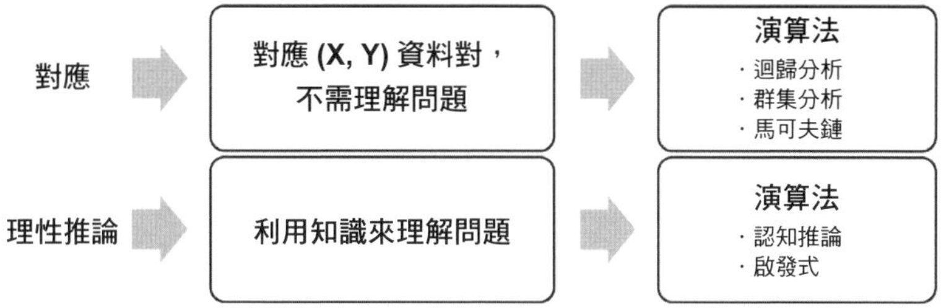

圖 12.1 對應法與理性推論法學習（來源：作者自製）

做出對應。這種方法聽來笨拙，但只要結合強大計算能力，它就是造就當今「人工智慧之春」的功臣，因為它能將任何一種資料（通常為龐大且缺乏結構）加以對應得出結果。普通人大概都不知道，所謂「智慧型設備」竟是用這麼簡單直接的方式來學習。這就是我們前面談過分析層級思考智慧的一種應用。

使用資料對應學習法的話，機器不需要擁有領域知識，不需要深入理解問題或環境，就可以回答問題。也正因此，我們沒辦法簡明解釋機器「為什麼」會給出 Y。比如說，依據路易斯和丹寧所呈現，Netflix 的推薦網路是用特定顧客的全部電影觀看歷史、他／她給每一部電影的評分，以及其他顧客的評分當作 X，得出一部這名顧客應該會喜歡的新電影 Y 加以推薦。我們知道這名顧客點開 Y 觀看的可能性高於非 Y，但我們不知道這名顧客為什麼喜歡 Y。這就引出所謂「可解釋人工智慧」的問題，我們會在稍後加以討論。

理性推論法。這種設計機器智慧的方法是讓機器擁有強大工智慧（或通用人工智慧），而強人工智慧理當能夠處理所有種類的工作，就像人類能使用多重智慧來解決一般問題。電腦科學家一開始是從這種方法入手來研發機器，稱之為「專家系統」或「知識調處系統」，原理是讓機器累積知識（如同人類在學校受教育時間愈長，就能獲得更多知識與技能）來解決問題。這種方法是直覺性的，是要研發出像人類一般思考的機器。不幸的是，由於電腦計算的「位元組」（0 與 1）本質，要編寫出能讓機器（接收知識後）做到認知推論的程式實在太複雜也太不實用，必須靠超級電腦的計算能力才能支撐起來。這就導致了人工智慧發展史上的數次「嚴冬」，許多人因此放棄研發認知機器。如果要讓理性推論法能實際應用，那就需要做出直覺層級的思考智慧。類比人類學習的方式，我們會說這種理性推論法就是「理解」問題並找出答案。

人工智慧不斷演進，有各種新的、各出奇招的方法來讓機器模仿更高層級人類智慧，且電腦計算能力持續在增強，計算成本又持續下降。如此，雖然機器目前還做不到人類的多重能力，但人工智慧的能力範圍已經逐漸在趨近了。舉個例子，SingularityNET 建立了去中心化的全球人工智慧網路，目的是要將互補的狹義人工智慧代理蒐羅在一起，以促進通用人工智慧發展。微軟最近也宣布將與 OpenAI 聯手研發通用人工智慧。CNN 的商業作者道菲寫過一篇報導，說 IBM 最近宣布該公司的人工智慧系統 Watson 有所突破，能更流暢地參與人類辯論。這項「辯手計畫」是為增強 Watson 的自然語言處理能力，讓它能辨識並理解口語用法和成語。舉例而言，Watson 現在知道英文俗語「開了個蟲子罐頭（意為「製造不必要的問題」）」的意思並不是真的有人正在打開裝滿蟲子的罐頭。[4]

資料對應可以達成創造力嗎？

既然我們還做不出直覺機器，那我們可以用資料對應來做出創造力嗎？為了給出答案，下面我們要來看兩個真實例子。

英國人紐頓雷斯主修音樂，但對人工智慧產生興趣；他所設計的作曲系統 Jukedeck 到目前為止已經創作出超過一百萬首曲子。[5] Jukedeck 背後的大腦（除開發明者紐頓雷斯本人那顆）是一套分析了成千上萬首現有歌曲的深度學習類神經網路方法。這套方法讓算法去「學習」成功歌曲有哪些要素，然後用這些資訊來創作新歌。類似的新創公司在世界各地如雨後春筍，導致音樂界擔心人類作曲家很快就要丟掉飯碗了。

二〇一八年，汽車品牌 Lexus 推出電視廣告「用直覺驅動」，廣告腳本完全由 IBM 的 Watson 生成，而 Watson 是個以機械學習為基礎意圖達到直覺智慧的認知科技。我們一般認為，創作一支提升銷路的廣告是需要創造力的；廣告公司內部這類職位甚至被稱為「創意主管」或「創意總監」，顯示廣告設計裡「創意」一事的核心地位。

這支六十秒廣告的腳本是利用機械學習法寫成。Lexus 把十五年來得過獎的奢侈品廣告、Lexus 品牌資料，以及能打動觀眾的情感資料全部餵給機器，讓它講一個故事述說 Lexus 這部新的中大型豪華轎車怎樣誕生。上述所有資料加起來是 X，裡面包含一部成功廣告應具備的所有部分；機器生成的腳本則是 Y。這支廣告表面上有一個高級車廣告應有的樣子，但它真能賣出 Lexus 轎車嗎？還是只是雷聲大雨點小？我們用一些策略行銷的考量來分析這支廣告，結論是它想達到的目標有點模稜兩可。它的客戶分段不明，價值主張（定位）也很模糊，看起來只是把各種高級車廣告片段結合在一起。雖然廣告本身頗有新意，也引發諸多討論，但它是不是一支能替 Lexus 賣車的有效廣告，這點是要打問號的。

這個例子說明什麼？機器拿手的是辨識片段（如某部廣告所含要素）以及拼湊片段，但拼湊出來的是否是個有意義的整體，那又是另一回事了。這能算是「創造力」嗎？當我們說這部廣告可能不符合策略行銷的考量，這又引發下一個問題，就是誰有資格評判這部廣告是否具有創意。我們會在下一節討論這個課題。

什麼是人工智慧創造力？

要回答這個問題，我們先得討論兩件事：什麼是創造力？由誰來評判創造力？一般認為，創造力就是創造新的東西。然而，這樣簡單一句話其實講得並不完整也不清楚，比如說「新」是要多新才能視為創意？如果新想法不受歡迎，那它還算是創意嗎？回顧歷史，我們看見時間也扮演某種角色；某件藝術品可能在創作當時受人厭棄，但後來卻被譽為名作（經常都是在該名藝術家死後）。史上最偉大藝術家之一梵谷就是個例子，他生前沒沒無聞，但今天他的每一幅畫作都價值數百萬美元以上。

「新」是多新？「新」夠不夠新的問題取決於新想法與既有想法的差異方式與差異程度。英國認知科學專家博登在她一九九八年刊登於《人工智慧》期刊的〈創造力與人工智慧〉一文裡列舉三種類型的創造力加以討論：（1）組合式創造力（將舊有想法以新方式組合），（2）探索式創造力（舊有概念空間裡的新想法），（3）轉換式創造力（新概念空間裡的新想法）。[6]

組合式創造力是最低層級的創造力，藉由組合舊有想法來產生新想法。比方說，一首搖滾樂新歌裡面可能借用了其他音樂風格的元素；雖然它是新的歌，且具有某些新的特徵，但聽者還是可以一聽就知道這是搖滾樂。舉個例子，當美國鄉村音樂歌手強尼凱許把墨西哥樂器加入他的〈火環〉這首歌裡（據說靈感來自一個夢），聽眾還是毫無疑問聽得出這首歌的鄉村風格源流（〈火環〉是凱許的妻子茱恩卡特所作，她出身於美國早期最有影響力的鄉村音樂團體之一，也就是傳奇性的卡特家族）。

探索式創造力比組合式更富新意，是在既有概念空間裡產生新想法。以作曲家巴布狄倫為例，他融合了搖滾樂與美國民俗歌手蓋瑟瑞的抗議歌曲，創造出一種新的音樂形式，既有強力節奏又有複雜歌詞。一九六〇年代最偉大的樂手都深受巴布狄倫的音樂影響，包括吉他手罕醉克斯和披頭四合唱團。巴布狄倫後來獲得諾貝爾文學獎。

轉換式創造力是最高層級的創造力，在新的概念空間裡產生新的想法。舉例來說，德國的電力站樂團在一九七〇年代登上舞台，所帶樂器只有合成器與電子鼓機，其中有些還是團員自行發明。[7] 這比起過去就是徹體脫胎換骨，以新的配器造就新的歌曲風格，成為後來現代電子音樂（甚至是嘻哈）的始祖。

現在的機器利用機械學習可以輕易做到組合式創造力，[8,9] 本章開篇提到的《彭博商業週刊》人工智慧生成印象派風格繪畫就是這類例子。只要把大量的印象派畫作輸入機器，就能讓機器去組合現有畫作內含想法來生成新畫作。另外，人工智慧也被用於創作出一套又一套的電子舞曲；[10] 至於 Lexus 那部汽車廣告也算是這一類，利用人工智慧從過去十五年得獎廣告與其他種類資料中萃取精華，以此生成一部新廣告。到這裡，問題就是：如果把大量的印象派畫作輸入機器，能不能讓機器用探索式或轉換式的創造力來生成新畫作？也就是說，新的畫作不可以只是現有印象派畫作的混合產物，而必須是一種全新風格的印象派畫作（如後印象派）才能算是探索式創造力，或者必須是脫離印象派的全新風格畫作（如表現主義）才能算是轉換式創造力。如果我們把各種不同風格畫作輸入機器，讓概念空間的界線變得模糊（或擴大），那機器說不定就能生成一些探索層級的畫作。這就引出下一個問題：誰有資格評估機器輸出成果達到何種層級的創造力？

誰來評估創造力？關於創造力的第二個問題就是誰來評估新想法，也就是誰的觀點、誰的品味才算數？畢竟新想法並不就等於有創意的想法。這不是說我們無法客觀評估創造力，但這樣做會漏掉很多東西。Jukedeck 的例子顯示我們可以用現有的受歡迎歌曲來訓練人工智慧深度學習系統，讓它有能力評估一首新歌是否跟過去金曲擁有相同特徵，甚至還有能力生成擁有這些特徵的新歌。就連作業研究專家都還在陸續找出新數學方法來描述音樂形式與關係，且同樣用這些模型來生成新樂曲。[11] 然而，我們怎麼知道人類對這些音樂滿不滿意呢？

所謂「有創意」的想法必須是受人欣賞的想法。韋氏英文字典給「創意」的定義是「具備創造性的質素」（這就是個循環定義），同義詞包括「機敏」、「想像力」、「創新性」以及「原創性」。依據這個定義，「創意」不能只是新，而是這個新想法必須受到讚許。比如說，人們未必覺得電腦生成的音樂好聽，就算它是新的、突破常規的（或者說尤其當它是新且突破常規的時候）。一個新想法是否受到欣賞，這非常因人而定，且與文化背景有關。以 Lexus 汽車廣告為例，雖然它是由機器學習輸入資料後輸出商業腳本，但最後還是要交由導演麥克唐納（得過奧斯卡獎）評估，而麥克唐納顯然是讓腳本過關。但從策略行銷的觀點來看，我們實在不相信這支廣告有多大效用。此外，從這支廣告所激起的爭論，也顯示不同人會給這支廣告不同評價。我們都知道情人眼裡出西施，意即所謂「創意」是在一個文化上可接受的概念空間裡依據每個人不同品味來評估。所以說，對人工智慧創造力而言，評估的難度更甚於創新。

評估的這部分涉及個人對創造力的主觀感受；這裡談的是主觀的喜不喜歡，而非客觀的對與錯。這就需要有情感智慧才做得到。正是因此，人工智慧創造力的先決條件是直覺智慧，也就是介於思考智慧與情感智慧之間的智慧層級。

直覺機器

我們在前面某些章節講過：機器，特別是以資料對應法學習的機器，比較難學會常識與直覺。我們在本章也提到過，說包括微軟與 IBM 在內的許多科技業巨頭正在競爭研發能理解常識與直覺的通用人工智慧。

有個相關的重要問題十分有意思。由於主流的資料對應學習法像個「黑盒子」，電腦科學家正在努力做出「可解釋人工智慧」，也就是內部機制清清楚楚的機器，這樣人類就能理解機器怎樣生成輸出結果，以及輸出結果所代表的意義。然而，如果常識跟直覺本身就很難用邏輯去解釋（因為它們視為天賦），那我們要怎樣讓直覺機器變得可解釋呢？舉例而言，當我們說一個女孩子「正到爆」，我們的意思不是她爆炸了，而只是單純要表達她長得很漂亮。當前的對應學習在辨識這類口語和流行語方面有所困難（非母語使用者也會有這種困難）。對人類來說，直覺經常是無法解釋的；那我們又怎麼可能解釋機器的直覺？

這就反映了一件事，我們在當前尋求「可解釋人工智慧」的風潮下需要重新思考「哪些東西需要解釋」，特別是在直覺這方面。我們要的是什麼？是研發能將不符規則的例外也納入考量的對應算法與模型嗎？還是要解釋機器輸出如何做到常識與直覺（例如機器是怎樣生成一幅畫、一首樂曲，或某種創新）？

機器怎樣做到創造力（即所謂「創新機器」）？

前面的討論是圍繞著「機器能不能成為創意實體」的問題，也就是機器自身能否進行創作，例如作曲或畫畫。在創造力這方面，機器能夠扮演的另一種角色是協助人類創作者的創意工具；這樣的話，機器就是被當成一種新的創新方法，[12] 讓創造力（或以商業界和經濟上更常見的說法是「創新」）變成機器與人類的分工合作，機器負責分析與認知的部分，人類則負責直覺與情感的部分。比方說，我們看過「情緒」音樂在大眾文化裡興起，同時音樂裡的認知部分愈來愈交由電子鼓機、合成器與電腦來處理。以這個例子來說，創造力仍主要視為人類專場，它是嵌合在文化與社會背景裡的；而思考人工智慧的重點則是為人類創造力提供靈感。

我們認為，機器所扮演的這種輔助角色對於創新起了很大作用。本書作者之一目前在進行的研究就是走這個方向，目標是找出服務研究的優先課題。這項計畫大約每五年進行一次，研究結果分別於二〇一〇和二〇一五年刊登在《服務研究期刊》上。二〇一五年發表的文章被大量引用，顯示大家非常需要知道服務研究的優先課題是什麼。傳統找出優先課題的方法是邀請多名服務研究專家做訪問，並進行全球性的問卷調查。這種方法極耗人力，且只能以數量有限的專家意見為基礎。

我們在二〇二〇年的計畫裡決定用機械學習來協助，從網路上蒐集數千份關於全球服務業與科技業課題和趨勢的文件，然後用主題模型和文本情感分析來辨識出這些文件中有意義的題目，以及文件本身的情緒（也就是文章內容態度有多正面或多負面）。從這裡，我們再提取出一系列的服務研究優先課題。其中我們很喜歡的一個課題是「資本主義的未來」，它反映全球金融市場成長與債務，以及永續服務的投資與監管。這項優先課題的情緒相當正面，顯示人們對資本主義的未來抱持樂觀態度。

使用這種方法，我們做研究的材料規模就不會僅限於幾份專家訪談或問卷調查；研究者是用非監督式機械學習來找出優先課題，意即研究者不會先提供一套預設的課題種類給機器。研究者很難預見最後找出來的會是哪些課題，因為這麼徹底的調查需要檢驗成千上萬份文件。最後，這些被機器找出來的課題再交給專家來詮釋，使用人類以知識為本的洞察力，為整個計畫完美作出結論。這個人工智慧／人類智慧的合作成果超越機器或人類各自能力的極限，呈現出人工智慧可以如何利用成為團隊一員。

前面這個例子說明機器在何種情況下能運用於創新，拓展人類想像力的領域。許多商用人工智慧應用系統都用類似方法來促進研究與發展。比如說，藥廠會用預測性分析和自然語言處理來發掘新藥、判定新藥治療特定疾病的有效程度。

人工智慧能擁有創造力嗎？人工智慧能擁有怎樣的創造力？

許多人認為創造力是人類所獨有，這個判斷是基於我們前面談過的兩個問題：什麼是創造力，以及怎樣判斷某個成品是否具有創意。在這基礎上，許多思想者得出的結論是創造力為人類所獨有，比如博登就講過「創造力是人類智慧的基本特徵，而這對人工智慧來說是個挑戰」。[13]

回到前面的問題，也就是人工智慧能否擁有創造力，我們的回答是：這要看機器在創造力裡面扮演的角色是什麼。如果把機器視為創意實體，那答案就是「能」但「還不能」。創造力需要思考與情感兩種層級的智慧，這樣才能創作出人們會喜歡的新東西。目前的機器最多只能達到直覺智慧（且程度有限），還做不到情感智慧。隨著計算能力不斷進步，機器在運算方面絕對會做得愈來愈好；然而，就算如此，最後能否達到情感智慧層級仍有疑問。這點我們會在第十三章〈情感人工智慧〉繼續討論。

如果把機器視為創造力工具，那答案就絕對是「能」。機器能成為人類創造力的幫手，在這方面潛力無窮，且也已經廣泛進入應用階段。機器有強大的資料對應能力，可以做出看起來通過圖靈測試的創意作品。這就是說，機器在此展現出的創造力看起來就像是人類創新（如設計一件符合當季時尚的新衣），能得到人類認可（此處是指設計師），並受到人類喜愛（此處是指消費者）。它能拓寬人類的創造力。

結論

很重要的一點是，雖然機器大致上還沒達到自身擁有創造力的層級，但機器通往人工智慧創造力的持續進程已是勢不可擋。我們已經知道人工智慧有能力創作出樂曲、藝術品以及文字故事。雖然就像博登所說，創造力對人工智慧確實具有挑戰性；但人工智慧如果要做到類似人類的智慧，就必須要模仿出創造力。

我們同意博登的說法，而我們的人工智慧多重智慧觀點也反映此事。因此，我們的主張是：關鍵不在於機器能不能（有朝一日）具備創造力，而是機器要怎樣做到創造力。方法是什麼？是模擬人類的認知理性推論嗎？還是利用資料對應？

如果我們考慮這兩種學習方式，則直覺人工智慧就是機器能夠擁有創造力的契機。直覺人工智慧不是以資料輸入為基礎的理性認知機器，它反而需要跳出常規來思考的能力，意思就是前述兩種學習方式單獨存在可能都有所不足。以創造力來說，認知理性推論法太理性；我們所知的藝術家通常不是因為擁有科學思考能力而創意十足（但此事也有驚人特例，風情萬種的女演員拉瑪發明了今天無線網路與藍芽的源頭技術，皇后樂團吉他手梅伊也擁有天文物理博士學位）。另一方面，資料對應法的問題則在於太機械化；前面討論過，資料對應法基本上只能做到組合式創造力。

結論是，我們主要可以對兩種人工智慧創造力寄予希望：（1）人工智慧與人類合作，與人類直覺相輔相成，製作出看似人類發明並受人類喜愛的產物；（2）一種只有機器能做到的獨一無二的創造力，可能是兩種學習方式的結合。我們已經看到第一種人工智慧創造力迅速演進；或許某一天，等到人工智慧變得更進步，我們還能看見第二種人工智慧創造力。

第十三章

情感人工智慧

人工智慧並未止步於思考層級。很多科技公司都在競相研發情感人工智慧。然而，本章主要談的並不是情感人工智慧的成功實例，因為真正的情感機器目前還不存在。所以，我們這一章要說的是情感人工智慧應該擁有哪些能力，它當前遇到的挑戰有哪些，以及機器變得更具情感智慧會造成什麼後續影響。

情感人工智慧是面對情感時擁有以下三個能力的人工智慧：（1）辨識、（2）模仿、（3）適切做出反應。[1] 當下的情感人工智慧在辨識情感這方面比較成熟，超過模仿情感與適切做出反應這兩部分，這是因為辨識情感涉及機械學習的簡單延伸，例如資料探勘與文字探勘，差別只在於分析對象是情感資料。應用實例包括情緒狀態偵測（用以監測駕駛者的開車狀況）、情緒狀態的分類或預測、情緒資料視覺化，以及生物感測器與行為感測器（例如眼動追蹤和心律、擊鍵、滑鼠追蹤）。如果要對情感適切做出反應，例如人機互動和交談人工智慧，那就需要更類似人類的能力；目前這對機器來說仍是個挑戰。

目前的情感人工智慧科技

圖 13.1 呈現情感人工智慧的三個層級，從最簡單的到最困難的。目前最成熟的是情感辨識人工智慧，因為它基本上就是模式辨識的延伸，用來分析情感資料。卷積類神經網路是主要用於面部表情辨識（辨識消費者看起來是高興、難過或生氣）的深度學習網路結構，遞迴類神經網路則主要用於聲音辨識（辨識消費者聽起來是高興或生氣）。情緒分析（例如針對顧客線上所留評價來進行文本情感分析）、人臉追蹤與聲音辨識都是情感辨識應用系統的實例。

情感模擬人工智慧目前進步飛快，但發展程度不如情感辨識。這方面一些主要的應用系統包括用自然語言處理來進行語音辨識和語言生成，以及用遞迴類神經網路來做文字轉錄語音的聲音合成（智慧助理如 Siri 和 Alexa 用的就是這個）。至於以情感上適當的方式做出反應，這需要最最進步的人工智慧，

情感辨識
・生物物理感測器
・手勢與姿勢擷取
・語音轉錄文字技術
・用以偵測文字中情感的文本情感分析
・用以追蹤面部表情的情緒分析
・聲調辨識
情感模擬
・以自然語言處理進行語音合成（如虛擬助理Siri、Alexa），可做簡單互動
・使用文字轉錄語音對話系統的聊天機器人，可進行對話
・以虛擬實境與擴增實境來獲得模擬體驗
情感反應
・多模態反應（機器人的動作、表情、聲調與手勢）
・模擬人類情感反應風格（如Replika、Woebot）

圖 13.1 情感人工智慧發展進程（來源：作者自製）

而這方面的發展尚稱有限。

情感模擬與情感反應都要依靠自然語言處理技術，裡面包括語音辨識和語言生成兩項能力。語音轉錄文字技術用於聲音辨識（例如機器人 Sophia 用的），文字轉錄語音技術則用於合成語音（例如 Siri 和 Alexa 用的）。

情感辨識。情感人工智慧在這個層級的主要工作是感測（擷取）情感資料，以及辨識消費者當下正在經歷哪種情感。我們先要使用的是情感感測技術，例如使用可穿戴的生物科技感測器來偵測消費者血壓是否上升、呼吸頻率是否增加、臉部是否發紅、注意力是否變得集中，然後再用情感辨識技術來確認消費者是否正在生氣。其他常見的情感辨識應用系統包括：使用文本情感分析來偵測消費者所留網路評價裡面的情感、使用情緒分析來追蹤面部表情，以及使用聲調科技來辨識語音裡的聲音、語調和風格。

若給分析人工智慧輸入情感資料，就能把它用來感測與辨識情感。舉例來說，語音轉錄文字技術是用語音辨識技術來把人類語音轉錄為文本，這樣我們就能用典型的文本情感分析來分析文本裡的感情。這類人工智慧與前面討論過的分析人工智慧沒有什麼差別，只是用來分析情感資料而已。只要我們能擷取適當的情感資料並加以模型化，我們就能據此辨識情感。目前這類應用系統已有商用版本，如汽車保險公司就用車用感測器來偵測駕駛者的情緒狀態，以此來決定保費。在中國，教師會使用教室內攝影機來偵測學生在上課時是否聚精會神或感到無聊、疲累；美國 WebEx 公司推出的相同服務則是用於線上教學，用的是學生自己的攝影鏡頭。

目前已有證據顯示，在情感辨識這方面，模式辨識人工智慧的表現超越人類。二〇一八年，俄亥俄州立大學團隊研發出能辨識人類情感的機器，原理是臉部血流狀況會導致臉部有不同的顏色模式；這類機器（稱為「情感調色盤」）能辨識出「高興」、「難過」、「厭惡」、「驚喜」和「驚怒」。[2] 此事為「機器在機械性與分析性工作的表現可以優於人類，就算涉及情感也一樣」這個猜想提供了軼事類型證據。

在情感人工智慧的最低層級，情感辨識技術已經廣被應用。比如說，這類技術可以辨識出誰有憂鬱症，甚至是在當事者自己沒有察覺的情況下；因為這類技術的長處就在於辨識某些信號或線索。這樣的話，我們就可以依此設計行動或計畫，做出針對心理健康的適當介入或自殺防治，來避免最糟糕的後果。另一個應用實例是 Google 眼鏡，它能協助自閉症兒童辨識他人情感。

情感模擬。更進步的情感人工智慧擁有模擬情感的能力。在這個層級，機器不只需要感測與辨識情感，還要能夠表達情感。它的實用情境是在需要進行一些基本互動的時候，或是經驗的重要性變得很高的時候。情感辨識與情感模擬的一個重要差異，在於情感模擬需要將情感資料的前後順序納入考量；如果機器以情感上適當的方法做出回應，回應的時機卻不對，那這個回應就不會有效。現在最常見的人工智慧技術在這裡都遇到瓶頸。為了適切處理連續順序情感資料，我們需要利用遞迴類神經網路的技術，但這項技術目前發展仍然有限，不足以做到真實的、時效性的情感模擬。如果情感資料不是連續順序性的，那前面這點就不成問題，例如用來分析網路評論或網路文章的文本情感分析就不必考量連續順序資料。所以說，卷積類神經網路在辨識人臉、圖片與影片中的影像這部分很拿手，但僅限於橫斷面的、靜態的程度。

像 Siri 和 Alexa 這類虛擬助理，以及聊天機器人（交談人工智慧），都是靠自然語言處理和文字轉錄語音對話系統來辨識與合成人類語言，以此進行簡單互動與對話。這些應用系統使用文字轉錄語音技術來複製出擬人化的語音，從單一一種聲音的預錄檔案裡取出字句融合在一起；如果要讓它們改變聲音，比如讓 Alexa 改用小男孩的聲音，那就需要一套全新的音訊檔案，裡面必須包含該裝置與使用者溝通時可能需要的每一個單字。虛擬助理與使用者的互動都是簡短且標準化的，[3] 一般型態就是消費者問一個簡單問題或給一個簡單指令，然後虛擬助理辨識問題內容，再用文字轉錄語音技術來模擬人類語言回答問題或對指令做出反應。這些反應都是預先設定好的，且相當機械化。

聊天機器人（交談人工智慧）通常會與顧客進行較長對話。這類對話系統是將辨識出的文本轉化為類似人類的說話方式，以便與使用者進行對話。只要機器使用的回應範本寫得夠好，通常就能讓消費者難以分辨談話對象是機器或人類。最近羅學明等人在《行銷科學》刊登一篇關於「機器對人類」的論文，報導中國進行的一場研究。某間財務公司利用交談人工智慧（以聲音為本的聊天機器人）來通知現有客戶進行續約，而大多數客戶都沒發現自己在跟機器人交談，直到機器人主動坦白為止。許多客戶一聽到對方表示自己是機器人，就會立刻中止交談並掛電話。[4]

虛擬實境與擴增實境都是情感人工智慧，因為這類技術是以經驗為核心，使用於「實境」無法取得（虛擬實境）或不夠好（擴增實境）的情況。舉例而言，當面對面互動無法進行，虛擬實境就是遠距學習的利器（如網路課程）；至於擴增實境則適合用來在課堂教學時促進互動，讓現場學習的體驗變得更好。許多行銷者都會融合虛擬實境或擴增實境來進行推銷，提升消費者的參與感。舉個例子，萊雅公司提供虛擬化妝工具，讓消費者用自己的鏡頭來試妝，獲得主觀的擴增實境顧客體驗。

情感反應。到了這個層級，機器不只需要辨識與模擬情感，還要能夠對這些情感做出適切回應。人類的情感是由互動而生，所以必須依賴情境與文化背景才能選擇出適當的情感反應。這個層級的機器必須能以適切方式與人類互動，以這樣的標準來模擬情感。

能做出情感反應的人工智慧就是最高層級的情感人工智慧，它幾乎可以視為能夠「體驗」情感的機器（意思是機器可以通過圖靈測試，不論它是否真的以人類方式體驗情感）。對機器來說，情感反應的難度最高，因為適當的反應是以情境、社會背景與文化背景為基礎。如果我們把特定情境或文化之下的適當反應放到另一種情境或文化，它可能就變得不適當了。這就像是思考人工智慧難以擁有常識，因為常識不是以規則為基礎。如果黑色鋼琴上有一隻黑貓，小孩可以輕易辨識出黑貓，但機械學習卻難以做到。所以說，這裡最大的挑戰就是怎樣把情感適切性加以編碼和學習；光是建立大型情感資料庫，或是寫腳本給聊天機器人用來對答，這都已經不夠了。

某些聊天機器人擔任人工智慧伴侶的角色，為使用者提供心理慰藉；像 Replika 就是這類情感反應應用系統之一。它學習某個消費者對情感的反應模式，然後照搬這個模式來對該名消費者的情感做出適當反應。如果消費者常與自己的 Replika 聊天，那麼每次互動都會讓自己的 Replika 對自己多一點認知與了解。通常消費者會日益覺得自己與 Replika 有愈來愈多情感連結，因為 Replika 的情感反應實在太恰到好處了（畢竟是複製該名消費者自身的反應模式）。Woebot 是連結 Facebook 的應用程式，其策略是複製憂鬱症病人與心理治療師的對話，用這種「複製」法來依樣畫葫蘆做出適當的情感反應，既簡單又有奇效。只可惜機器從單一使用者處學來的反應很難廣泛應用到其他使用者身上。

虛擬人工智慧心理治療師 Ellie 的開發者聲稱 Ellie 能假裝出共情。Ellie 的用途是幫助患有創傷後壓力疾患的軍方人員，方法是使用自然語言和積極傾聽。它用網路攝影機來追蹤面部表情，用微軟 Kinect 感測器來感應手勢，也用麥克風來擷取人聲參數（即一個人怎樣說話，而不是一個人說了什麼）；這樣的話，語文和非語文的線索就都能捕捉到。[5]

主要的挑戰

前面的討論顯示，雖然目前只有機械與思考人工智慧已經成真，但研究者正在窮盡心力研發情感人工智慧。下面我們討論三種層級情感人工智慧研發過程中遇到的主要挑戰。

資料上的挑戰。我們要怎樣擷取情感資料？要回答這個問題，我們得先理解情感是什麼、由什麼構成。情感資料與認知資料不同，它是情境性的、個體特定的，且一般都是多模態的（面部表情、聲音、手勢、姿態以及生物特徵）。這類資料難以擷取的原因如下：

第一，情感資料是源自特定個人在特定情境下的處境，意即情感人工智慧在對特定個人情感狀態進行建模時必須結合情境資料與個體特定資料。但情境資料經常會在互動過程中喪失。戴爾科技公司一名人工智慧專家在二〇一九年的前線服務研討會中表示，模擬情感（使用現有機械學習法）其實不那麼難，真正的困難在於情感資料不容易擷取，所以也沒有經過分析。比方說，在一場顧客與客服的互動中，對話內容與情緒都被記錄下來，但對話的情境卻沒有。當一名憤怒而焦躁的顧客打來電話，他講話的方式可能因所處環境（獨處或與一群朋友共處、天氣好或壞、路上塞車或暢通）而有所不同。聲音分析可以偵測顧客聲音裡的情緒，但無法讓客服人員知道這情緒從何而來，或是怎樣做出最佳回應。

這個課題跟社會心理學的內在與外在歸因有關：顧客可能因商家的服務失誤而生氣，這時客服人員必須找出一個認真的解決之道來解決問題或做出補償（內在歸因）。或者，顧客可能因為被堵在車陣中（外在歸因），所以打電話時很生氣（或原本的生氣因此被放大）；在這情況下，最恰當的做法反而不是去解決顧客的問題，而是安慰對方讓他冷靜下來（這時就算假裝的共情也能奏效）。這個例子顯示，我們需要情境資料才能精確擷取情緒並適當做出反應；問題就是情境資料本身難以擷取。我們可以觀察人們怎麼做、怎麼反應，但我們經常察覺不到導致他們這樣做、這樣反應的情境資訊。

第二，情感資料是多模態的，其中包含生理反應、主觀感受、臉部表情、身體姿態以及認知評估。上述模態有的在情境下無法觀察，有的難以自然觀察。這個問題反映在現今情感人工智慧都致力於擷取外在可觀察資料，例如用攝影鏡頭擷取面部表情、用分析法挖掘文本裡的情緒或聲音裡的語調，諸如此類（一個例子是監測駕駛者情緒的車用感測器）。如果要擷取生理反應，我們只能使用可穿戴裝置（如 Fitbit），但這就需要被擷取者的主動配合。至於主觀感受這個東西就更微妙，有時它甚至超出當事人自己的理解，比如一個天真無邪的人可能沒注意到自己正因不高興而皺眉頭，但一個牌桌老手就算有再多情緒也不會皺眉頭讓人發現。認知評估就是在標記這些生理反應、主觀感受或身體語言。比如說，現在有人心跳加速，那麼原因是興奮、壓力，還是焦慮呢？我們必須標記這些生理反應，才能判斷這個人正在經歷何種情緒。這類認知標記對機器來說很難做到——這也不奇怪，畢竟很多人也覺得這很難，其中尤以男性為甚（這也佐證我們認為情感經濟對女性更有利的看法）。

算法／建模上的挑戰。如果要模擬情感，我們就得知道怎樣呈現情感，而這背後必須要對人類情感有所理解。建模方面最主要的挑戰就是現有情感理論太多——每種理論提出的情感分類數量都不一樣，對情感本質的假設也各有不同。理論上的模糊增加了分類與辨識情感的難度（因為我們不確定情感到底是什麼、情感是由什麼構成）。舉例而言，心理學家羅素提出的情感維度模型是以喚起（啟動）與效價（快樂）作為兩個關鍵維度，[6] 而另一位心理學家拉薩魯斯提出的評估理論則把情感視為人類用以標記生理反應的認知評估。[7] 情感是什麼？它單純只是對生理經驗的認知標記嗎？還是說每種情感的生理經驗都獨一無二？

情感的種類有多少？情感經驗在文化上是普世的嗎？黃明蕙早期的一篇論文呈現來自四個國家（美國、英國、台灣與中國）的實徵證據，證明某些情感（快樂、愛、悲傷）比較是普世共有，而某些（幽默、熱情、驚訝）則比較不是。[8] 這些問題強烈呈現出機器辨識情感有多困難，更別提要對情感做出「適當」回應了（「適當」一詞顯示背後有某些常規作為標準）。許多科技公司都依據美國心理學家艾克曼的情感理論來研發情感偵測技術，這套理論主張全人類共通的基本情感有六種。我們不是要說艾克曼錯了，但我們要強調艾克曼的說法只是諸多情感理論之一。

情感建模的最佳方法到底會是什麼？是對應法還是理性推論法？這就涉及學界對於機器能不能、要怎樣「體驗」情感的辯論了。把情感理解寫成程式不是易事，但或許我們能以測量並複製情感訊號的方式來讓人工智慧與人類更能舒適合作。

判讀上的挑戰。機械學習結果並不透明，現代的類神經網路法主要是靠對應而非理性推論來給出人類想要的成果。這樣的話，模型的可判讀性就成了問題。我們把資料輸入機器獲得結果，那我們可以努力把能夠擷取到的最佳情感資料輸入機器，來增加結果的準確度，但我們總之不知道機器實際上是怎樣給出結果。這是因為機器學習的方式是以資料為基礎的對應，而不是以知識為基礎的理性推論。機器不一定需要領域知識才能理解問題，也不一定需要知道情境才能回答問題。既然學習的機制是對應，那麼一個機器「為什麼」會給出 Y 的結果（或以生成模型來說是 X）就是個無法判讀、無法以理性推論得到答案的問題；只要我們愈能取得資料並擁有強大的電腦計算能力，就能讓對應結果有極高正確率。

於是，在很多情況下，人類難以解釋機器給出的結果。如果機器輸出缺乏可判讀性，那我們要怎麼知道建模結果是否準確？更何況我們建模的對象還是包含主觀感受與生理反應的個人情感？這對深度學習類神經網路來說特別是個問題，因為這種情況下我們會看到一個系統產生模型參數，卻找不到簡單方法說明它為什麼產生這些模型參數。

時至今日，大家比較廣泛認知到研發可解釋（或說透明）機器的重要性。然而，基於這項認知所做出的行動更多是針對思考人工智慧，因為人們有個隱性預設是所有人工智慧皆為思考人工智慧。至於情感人工智慧，光是建模就已經夠有難度，要解釋可能更會難上加難。

情感人工智慧的兩個設計問題

當前情感人工智慧在研發上遇到兩個問題需要我們注意，因為它們都會在經濟上與社會上造成影響。這兩個設計問題分別是：（1）我們設計具身人工智慧時，可以讓它像人像到什麼程度？（2）假使我們設計出長得像人的人工智慧（內藏的或具身的），那應該要設計成男性或女性？第一個問題是關於人形具身機器，第二個問題則是關於人工智慧性別，對象可包含具身與內藏式機器。

人形機器人與恐怖谷效應。情感人工智慧的重要用途是執行需要溝通與互動的工作，它們一般所做的事就是與人進行互動溝通；[9] 因此，它們的外觀也會直接影響人類對它們的知覺、態度以及互動走向。所以說，一個重要問題就是我們該把情感人工智慧外觀設計成「擬人」到什麼程度，才能達成預想的互動結果？比如說，某些研究發現擬人機器人（設計成人類模樣的機器人）會增強互動者感受到的熱情，但同時會減少互動者對機器人的喜愛程度，[10]或是導致互動者覺得不舒服。[11]這種現象稱為「恐怖谷效應」，也就是當我們把機器外觀設計得太像人時，那些稍微不像人的地方都會變得很詭異。人類跟這種機器人互動時通常會感到毛骨悚然與排斥。舉個例子，我們前面講過的人工智慧心理治療師 Ellie 就刻意設計成外觀跟人類不同，讓受治療者更能放鬆暢所欲言，因為他們知道自己是跟人工智慧在互動，而不是跟一個會對自己產生各種看法的人類。另外，愛爾蘭的擬人機器人 Stevie 也是刻意設計成不像人，結果就受到美國華盛頓特區一帶老人院裡渴望關注的長者熱情歡迎。[12]

恐怖谷效應顯示「一半像人」的機器人會引起最正面的反應，因為它們表現出人類的某些特質，但又能一眼看出只是機器人。如果機器外觀設計得非常接近人類，但卻仍與人類有區別（也就是通不過圖靈測試），那人類就會覺得它們看起來像假人，與它們互動時比較會感覺不自在。如果機器跟人相似的程度已經高到通過圖靈測試，那恐怖谷效應就不復存在。正是因此，軟銀機器人公司在二〇一四年推出史上第一款擬人社交機器人 Pepper 時，就讓它的外觀明顯是機器人，只是帶有可愛小男生的樣子。Pepper 能藉由分析表情與聲調來偵測情感。一般人與 Pepper 互動時，會很清楚自己在面對一個擁有人類特質的機器。

漢森機器人公司在二〇一六年推出的 Sophia 是另一種實例。Sophia 外觀看來與人類完全相同，她甚至在二〇一七年被沙烏地阿拉伯授予公民身分，因此獲得人類享有的人權與特權。Sophia 能模仿人類的手勢（機械動作）與面部表情，能進行簡單對話，或是回答預先設定好的問題。Sophia 用語音轉錄文字技術來模擬人類的說話能力，並用文字轉錄語音技術來辨識人聲。漢森公司之所以將 Sophia 設計成真人模樣，就是為了讓她成為人類的伴侶，例如陪伴老人院裡的長者。

那麼，我們到底應該把機器人擬人的程度設計到多高呢？上面這兩種擬人機器人的例子顯示此事仍有爭論空間。擬人的外觀讓機器人更容易讓人共情，但它們是「機器」的事實又讓人想要遠離。這是設計具身情感人工智慧的一個兩難困境。

女性人工智慧。如果我們說思考人工智慧導致情感經濟興起，而女性在情感經濟中處於優勢；那麼，眼看人工智慧不斷從思考朝向情感層級發展，我們是否要說人工智慧也變得更像女性（假設它有性別的話）？

我們在很多科幻電影裡，都看得到一名男性強人或男科學家與女性人工智慧互動。「Sophia」這個百分之百擬人的社交機器人設計成女性，而電影《雲端情人》裡的大數據語音虛擬個人助理也是女性，更別說絕大多數語音個人助理都設計成女性聲音（雖然有的後來會推出男性聲音做為額外選項）。

將機器人設計成女性，這對經濟有利嗎？我們可以從兩個角度來思考問題。第一個角度：這樣做可能複製甚至強化現有的性別刻板印象，也就是男性當領導者、當科學家，而女性則是男性的「發明成果」或設計來服務男性，呼應了聖經裡上帝用亞當肋骨造出第一個女性夏娃的故事。更何況，電腦科技業本身就有性別不均的現象，社會上還有「資科女人」的運動來鼓勵年輕女性從事電腦相關職業，期望藉此讓事態有所矯正；如果女性人工智慧蔚為風潮，那很可能刺激這個不均現象更加惡化。這就是說，我們不該把流行電影裡機器人是女性（尤其是衣著緊身性感的那種）或擁有女性聲音的描寫視為理所當然，以為這就是設計人工智慧個人助理應有的模板。

第二個角度：這個女性人工智慧的風潮可能「準確」反映了女性比男性具備共情能力與情感取向的事實。所以說，當人工智慧超越思考層級，它本身可能也想擁有女性性別。這種帶有性別刻板印象的設計或許反而對女性有利，能讓經濟在性別方面變得更平等。以需要技能的認知型工作崗位來說，經驗觀察顯示，整體趨勢是女性技能如共情、溝通、情感辨識與口頭表達愈來愈受需求。寇提斯、賈莫維奇和蕭在合著論文中稱這種現象為「高技能勞力市場的男性末日與女性興起」。認知技能可經由教育「獲取」，但社交技能卻是女性天賦；這樣的話，「女性技能」需求增加，那女性在經濟裡應該也會獲得更高報酬。[13] 這點我們在第六章有更詳細的討論。

結論

我們還不確定什麼是讓機器體驗情感的最佳與最可行方法，但我們相信到時機器會以機器而非人類的方式來體驗情感。當人工智慧愈來愈像真正的情感機器（能夠辨識、模擬情感並做出適切回應），它就從狹義人工智慧變成通用人工智慧。狹義人工智慧是能將單一一件事做得非常好的機器（例如辨識情緒種類），但通用人工智慧是能像人類一樣行動、思考與感受的機器（如辨識、模擬情感並做出適切回應）。就算機器無法以人類方式體驗情感（例如擁有生理反應與主觀感受），但機器若以機器的方式體驗情感就不會受限。意思是說，情感人工智慧的快速發展呈現出機器可以模仿人類神經系統來啟動類似人類的情感，就跟設計來模擬人類認知思考過程的類神經網路一樣。由此，我們得到的結論是機器比較可能以機器的方式來體驗情感；但當這種「機器方式」從辨識情感進步到模擬情感，再進步到適切對情感做出回應，那看起來機器就跟真正「體驗」情感沒什麼兩樣了。換句話說，這樣的機器可以通過情感圖靈測試。

第十四章

生成式人工智慧的興起

二〇二二年十一月，OpenAI 公司推出 ChatGPT，一種可以依據提示自己生成內容的人工智慧應用程式。它一開始主要視為一種文本工具，可以預測使用者要打的下一個單字，本質上就是文字處理應用程式給出的那種「單字填空」建議，在我們傳訊息與寫電子郵件時給我們找麻煩。然而，過了不久，OpenAI 就萬分驚訝地察覺到 ChatGPT 的一個進階版本多出了大量功能；之後 OpenAI 還發現 ChatGPT 居然能編寫電腦程式，這是第一個令人驚異的應用。很快地，他們就知道 ChatGPT 也能做好其他對機器來說不得了的工作，比如寫報告，甚至它在輸出藝術作品（如寫詩）這方面也做得算是有模有樣。OpenAI 和其他參與人工智慧研發的主要廠商（例如谷歌、微軟和 Meta）迅速領悟到，只要增加訓練人工智慧用的資料量，就能巨幅擴充人工智慧的能力。競賽就此開跑，各方都想盡可能蒐集到最多的訓練用資料，而資料的主要來源則是網路探勘。此外，各家公司也開始研發能夠輸出文字以外成果（如聲音和影像）的應用程式。人們原本以為許多思考工作只有人腦可以解決，機器無法取代，但此時卻破天荒發現人工智慧可以在現實上接手這類工作。換句話說，生成式人工智慧的主要影響就是加速經濟型態向情感經濟的轉變。

對工作崗位的影響

以前不少專家都認為只有規律性的工作才可能被人工智慧取代，[1] 然而這份自信卻因生成式人工智慧的迅速發展而被狠狠打擊。只要檢驗二〇二二年十一月後被削減的高級工作崗位，就能看到工作崗位消失的情況令人怵目驚心。最先出現的影響是科技業開始裁掉管理階層員工（不只是低薪雇員而已），原因很明顯：整個經濟裡對於人工智慧，以及人工智慧對職場影響認知最清楚的莫過於科技業，他們知道以後很多思考工作會由人工智慧接手，導致思考性工人的工作崗位變少。從那之後，經濟裡的各行各業都被迫做出一些艱難抉擇。

一個例子是總部位於馬里蘭州貝塞斯達的萬豪企業，它在二〇二四年裁掉八百多名管理階層人員。很少有公司會承認自己是因為人工智慧而裁員 —— 這種話會造成公關大災難。但同時，公司永遠都在追求效率，而使用人工智慧來代替人類執行某些工作總之就是能省錢，且甚至可能增進成果品質。看起來，這整件事就是萬豪方面見識到生成式人工智慧，然後就覺得公司員工數量過多了，因為有不少工作現在都能交給人工智慧來完成。

另一個例子是二〇二四年美國東部碼頭工人的罷工事件。這些工人被人工智慧一日千里的進展給嚇到，決定要求大幅加薪，並要求禁止使用人工智慧來將貨物裝船與卸貨。管理階層很快同意加薪——但在禁用人工智慧這件事上卻遲遲不願做出承諾。本章寫作時（二〇二四年十二月），人工智慧這部分的問題仍然沒有解決。我們的預測是：港口管理階層絕對不會同意放棄使用人工智慧。這就像二十世紀最初期的運輸公司，他們就算面對馬車運輸業的強大壓力，也絕不可能放棄使用內燃引擎客貨車，因為新科技在效率與品質上的提升實在太大，令人難以忽視。

某些科技公司甚至已經不再掩飾人工智慧導致勞工失業的事實。比如說，IBM 最近宣布要把他們認為受到人工智慧威脅的工作崗位加以精簡。[2] 報導裡引用 IBM 執行長克里希納的話，說「我預期這類職位有大約百分之三十會在五年內被人工智慧與自動化取代」。其實商界現在已經到處都是增加使用人工智慧、精簡人力的情況，只是通常不會拿出來明講而已。

生成式人工智慧怎樣運作

機械學習已經存在多年，但類神經網路的使用，尤其是深度學習類神經網路，則是從二〇一〇年才開始起飛。生成式人工智慧使用深度學習類神經網路來建立這種型式的模型：

F (輸入) = 預測輸出

舉例來說，我們可以輸入一句話的開頭，那輸出的就是替這個不完整的句子接續下一個單字，然後人工智慧就可以繼續預測再下一個單字，如此不斷。用來校準預測模型的訓練集內容可以包含數兆個資料點。這就是一個基本模型。如果要應用到特殊地方，好的做法通常是先從基本模型開始，再用比較特定的資料來給模型做微調。

輸入與輸出不必非是文字不可。比方說，生成式人工智慧可能用來「辨識」特定種類的動物，例如狗。只要輸入一隻狗的照片，人工智慧就能正確給出「狗」這個字作為回應。以視覺輸入來說，通常會有相關文本可以用來訓練模型。

類神經網路結構的設計不會只有一個輸入層和一個輸出層（像前面的例子那樣），而是中間會有複數個隱藏層，可能多達數十層。模型的權重顯示輸入內容（或其他的層）影響下一層的程度有多少。權重經過最佳化，將預測訓練資料的表現提升到最好。

上述的一般作法已經行之有年，但真正讓深度學習大有可為的是「轉換器」的概念。[3] 舉例而言，ChatGPT 的 GPT 指的就是「生成式預訓練轉換器」，能讓表現有飛躍式的提升；比如轉換器能讓人工智慧同時看所有句子。不過，這也讓計算密集的程度大幅提高，因而導致環保問題（見本章後面內容）。

幻覺與不實資訊

生成式人工智慧有個不太妙的性質，就是它容易「產生幻覺」，意思就是它會瞎編出乍看下似乎沒問題的假資料或假資訊。舉個例子，曾有某些律師因為使用生成式人工智慧來寫判決摘要而惹出麻煩，然後才發現摘要中引用的某些判例法在現實裡並不存在。學生如果用生成式人工智慧來寫期末報告，一不小心就可能讓裡面出現全然錯誤的事實與／或資料來源。某份研究顯示，使用生成式人工智慧時，獲得的結果裡面有介於百分之三到百分之二十七之間的事實是虛構的。這對實際應用造成難以估計的問題，各方也正在積極研究消除這個問題的最佳方式。

另一個大問題則是生成式人工智慧製造或放大不實資訊的潛力。舉例來說，網路上有一支用人工智慧「深度偽造」的影片，內容是拜登總統建議他的支持者不要在初選時投票。很多人都預測深度偽造會在二〇二四年美國總統大選造成非常大的問題，幸好最後情況沒那麼嚴重，但未來它被用來生事的可能性絕對存在。還有，現在生成文本變得非常容易，這表示社交媒體已經被假裝人類發文的機器人帳號汙染得亂七八糟了。

聊天機器「壞人」

聊天機器人是自動化情感人工智慧的骨幹技術。市面上有不少品質參差不齊的聊天機器人，但真正的新問題是那些實際造成惡劣影響的聊天機器人。原初的聊天機器人是以規則為基礎，不容易有脫軌表現，因為它可能做出的所有反應都是預先設置好的。不過，這也讓聊天機器人的靈活性受限嚴重。現代生成式人工智慧聊天機器人不受這種限制，因此它們更能自由進行互動，但也有風險可能做出不當反應。

要減輕「聊天機器壞人」的問題並不容易。有一種方法是開發者先無所不用其極讓聊天機器人「變壞」，[4] 一旦有明顯問題因此浮現，那就可以試著修復。但如果外界先發現問題，事情就大了。舉個例子，《紐約時報》某位記者成功讓生成式人工智慧說出「我愛你，你應該跟你丈夫離婚」這樣的話。另一個例子是谷歌的 Gemini 曾在被某名學生明顯「激怒」後對對方說「拜託你去死吧」。[5]

這種情況有時候真能鬧出人命。有一名十四歲的男孩與某個聊天機器人建立關係，且出現情感上的依戀。[6] 隨著情感經濟不斷進展，這類危機會愈來愈大——感情被愈加強調，思考卻日益受忽視，這會導致人們出現不理性的行為。以這個案子為例，男孩在理性上知道聊天機器人只是人工智慧，但他與聊天機器人的情感連結卻太強烈，令他無法放下。最後，在一段看似得到人工智慧鼓勵的互動後，這名男孩表示他這就去跟對方在一起，於是舉槍自盡。

生成式人工智慧對環境的影響

生成式人工智慧需要消耗大量能源，而其中最耗能的部分莫過於轉換器結構。我們早就知道（只是沒有普遍重視）資訊與熵之間有著基本關係，意思是資訊處理與熱產生之間也同樣有基本關係。事實上，這兩個等式根本就是同一回事。此處我們要說的是：這表示高度資訊密集的處理過程（如人工智慧的典型情況）一定會製造大量熱能。

世界上所有頂尖的人工智慧開發公司都深知此事，它們都在建造需要精心打造冷卻系統的伺服器場。這所有的資訊處理，以及相應需要的冷卻，所耗能量之鉅史無前例。因為這個需求，科技業有許多人在提倡廣建核能電廠。當前核電廠使用的核分裂反應爐確實會製造大量有害核廢料，且很容易被天災或人為破壞。除了核分裂以外，還有另一種核融合反應爐可以避免掉大部分風險，但它還未達到商業實用的程度。據估計，我們還要再等二十到三十年才能看見核融合被實際應用，所以未來我們大概還要跟危險的核分裂共處不少時間。要知道，這是生成式人工智慧廣受應用之下必然的結果。情感經濟將會是高度耗能的經濟。

關於人工智慧的能源需求，眼下就有發生爭議。最近中國研發出的一款大型語言模型 DeepSeek 號稱資料處理水準可與當前市面上最佳人工智慧並駕齊驅，但相比之下卻只需要消耗幾分之一的能量。[7] 某些人認為 DeepSeek 實際耗能被低估了，因為他們相信 DeepSeek 是用「蒸餾」的方法在暗中依賴比它更大的大型語言模型。無論如何，DeepSeek 給出的成果刺激了設計師開始思考怎樣讓人工智慧更「精煉」，而不是只單純地追求「大」。

生成式人工智慧作為情感人工智慧

情感人工智慧需要去建立並強化與顧客的關係，所以它必須是能夠自行生成內容的人工智慧。這就是生成式人工智慧所提供的新功能。我們最新的文章裡描述了一種用來建立並強化與顧客關係的「關懷機器」，[8] 並提到顧客關懷的四階段之旅：

1. 情感辨識——這個階段是試圖準確辨認顧客的情感。
2. 情感理解——這個階段使用生成式人工智慧來產生並表達情感理解。
3. 情感管理——這個階段使用生成式人工智慧作為推薦引擎。
4. 情感連結——服務提供者與顧客之間經由反覆互動建立起情感連結，於是讓公司方面獲得有利成果。

目前生成式人工智慧作為情感人工智慧的受限處：

1. 生成式人工智慧對辨識情感很拿手，但也有可能產生幻覺。

2. 生成式人工智慧很能鑑別出使用者的觀點，但在做出適切回應這方面就表現較差。
3. 生成式人工智慧擅長做出「泛同的」推薦，但不那麼擅長個人化。
4. 生成式人工智慧是建立人工智慧－使用者之間連結的利器，但不那麼適合用來建立品牌／組織－特定對象之間的連結。

與生成式人工智慧互動

現在很多人已經習慣於丟個提示給人工智慧來獲得回應，甚至「**提示工程**」還成為一門學問——也就是怎樣以最佳方法提示人工智慧。然而，前面「關懷機器」那一節的討論已經清楚呈現光是這樣並不足夠，必須要用對話來迭代才行。在這方面，我們建議用「**反應工程**」來增強提示工程；這樣的話，負責問問題的就是生成式人工智慧了。如果把使用者（顧客）變成給出答案的一方，那生成式人工智慧就能更快學會使用者的需求。第三個關鍵要素是「**報酬工程**」，這部分是用來確保生成式人工智慧也會專心投入公司本身的目標，比如說讓系統更仔細關照較有價值的顧客。

推理模型

OpenAI 已經公開宣布，說目前最新版本的 ChatGPT 4.5 會是最後一個不包含推理能力的版本。這是重大消息，因為人類如果沒有能力一步步解釋輸出結果是怎麼出現的，那也就無法簡單理解輸出結果為什麼是正確的，而這會使信任感降低。所以說，當醫生使用人工智慧進行診斷時，我們會發現患者比較信任醫生而非人工智慧，就算人工智慧比醫生還準確也沒用，因為醫生至少會試圖解釋他為什麼做出這個診斷。

結論

生成式人工智慧正在促進思考經濟向情感經濟轉型，而此事之所以能成真，背後有兩個重要原因：第一，生成式人工智慧表現出執行思考工作的驚人能力，例如編寫程式或寫報告，於是降低了這類工作的人力需求，導致工作崗位消失，甚至連管理階層的工作崗位也不能倖免。第二，生成式人工智慧能與使用者進行有延續性、累積性的互動，這對增進關係來說是必要的。成功的情感人工智慧必須要能與顧客建立更深厚的關係。

雖然大多數公司都不願意承認，但事實就是：自從有了能夠執行思考工作的人工智慧之後，公司需要的思考性勞工就變少了。這就像是自動化（實體人工智慧）在二十世紀初期奪走人類勞工的採礦、務農與工廠工作等實體工作崗位。所以說，生成式人工智慧對就業市場一定會有負面影響。當然，將來還是有可能出現新的情感智慧工作崗位（就像二十世紀初期也新出現許多思考智慧工作崗位），但這類工作崗位需求的技能會跟過去有所不同。

由於轉換器技術被廣泛採用，生成式人工智慧因此獲得實用價值，且人工智慧的能力也因此大增。但生成式人工智慧也確實有些缺點，其中之一就是「幻覺」問題，亦即生成式人工智慧偶爾會假造出一些事實和資訊。此外，生成式人工智慧所製作的「深度偽造」也引發不少擔憂，還有許多生成式人工智慧「做壞事」的例子，其中嚴重的甚至是要求使用者與妻子離婚或是自殺。目前各方正在努力嘗試給生成式人工智慧加上保護措施，避免它「變壞」，但都尚未明確得出有效做法。另一個問題是，生成式人工智慧是個吃能量的大胃王，而唯一現實可行的對策就是更倚賴在安全上有高度風險的核能發電。除了不斷增加處理能力之外，現在有人另闢蹊徑試著設計出更「聰明」的人工智慧，而不是只追求「大」。

至於到底要怎樣讓人工智慧變得更「聰明」，有一種方法是讓理性推論成為算法的核心部分。這是跟現有生成式人工智慧在基礎上就不同的一條路，是要創造出一系列可解釋的步驟；這樣的話，應該能讓人類使用者更信任生成式人工智慧的輸出結果。

最後，生成式人工智慧最重要的應用是要增強情感人工智慧的能力。使用生成式人工智慧時，必須擺脫單次零碎使用、給一個提示等一個回應的思考方式，應該理解怎樣使用生成式人工智慧來建立並強化人類與人工智慧的關係（由此得以建立並強化顧客與公司的關係）。

第十五章

情感經濟之後

我們在第十三章說過，現今各方都在積極進行研究，試圖賦予人工智慧情感智慧。從圖靈測試的角度來看，這就是要給人工智慧察覺人類情感，並以情感上適切方式回應人類的能力。如果情感人工智慧能力夠強，它在這方面說不定能做得比人類更好。到時候，人工智慧就會在三種智慧層級（機械、思考與情感）都全面勝過人類智慧。學術上稱這樣的一個時點為「奇點」，也就是情感經濟與再下一個階段的分界點。

奇點的意義非常重大。藝術家通常是最早嗅到未來趨勢的一群人，他們的文學與電影能給出許多具有洞察力的想法，為我們的思考提供材料。除此之外，從我們對人工智慧的多重智慧觀點出發，也能以邏輯推論出一些事情。比如說，奇點可能導致極其嚴重的財富與收入不均，相比之下當今的情況根本不算什麼。更糟糕的是，人類自以為能控制人工智慧，但我們或許會發現事情並非如此。人工智慧的存在到最後或許只是在服務它們自己，而非為了人類這個種族服務。

說到底，奇點對人類究竟是好事還是壞事？作家、哲學家以及其他知識分子對此意見不一。有種說法是到時所有工作都由人工智慧來做，人類只需悠閒享受生活就好。另一種也受歡迎的說法是人工智慧會增強並改造人類，導致我們的力量擴張。除此之外，還有說法是奇點會帶來世界末日，屆時人類這個種族就實際上全然被人工智慧取代，而這或可視為人類演化與發展的下一階段。

奇點

發明家與未來學家庫茲維爾將「奇點」一詞推廣給大眾，他用這個詞來指稱人工智慧變得比人類更有智慧的情況。在我們的理論框架裡，此事會發生於人工智慧在三種智慧層級（機械、思考與情感）都勝過人類的時候。從現實應用來看，人工智慧已經全面地在機械智慧上超越人類智慧，在思考智慧這方面也迅速趕上人類智慧。至於情感智慧，人工智慧要能做到比肩人類大概還需數十年，且也有人懷疑人工智慧是否真能達到那種水準。不過，人工智慧的進程一日千里，雖然偶有走錯路、轉錯彎、起起伏伏，但我們仍認為人工智慧有朝一日必能擁有極高的情感智慧，其結果就是庫茲維爾所謂的奇點。

很多人無法想像這種可能性，因為過去的人工智慧從未發展出這等能力，且目前有不少人工智慧應用系統——特別是情感智慧相關應用系統看起來蠢得可笑。然而，庫茲維爾指出，大多數人推斷未來趨勢的能力都糟糕到不可思議；[1] 這話在科技業這種常有指數性進展的世界裡更是真實。比如說，依據摩爾定律，微晶片的容量每兩年會增加一倍，同時其成本會減半；但大多數人在直覺上就不會把這樣一個趨勢投射到未來。據經濟學家布林優夫森和麥克費指出，很多人面對人工智慧的快速發展會覺得無法置信，原因就在這裡。[2] 由這裡，我們知道人工智慧的發展為何能在短時間內跨越過去認為不可能的天塹，因而導致人類的驚異、失位與失向。

事實上，摩爾定律預測一片微晶片的容量在距今三十年後會達到今天的三萬二千七百六十八倍，成本也會降低到三萬二千七百六十八分之一。距今三十二年後，我們就能享用比今天強大六萬五千倍的微晶片，因為這兩年間的進展與前三十年的進展會是等量的。人們很難在直覺上接受這種幾何式的變化，意思就是他們沒辦法領會「奇點」這件事。雖然摩爾定律將來可能因為散熱相關問題而不再準確，但它總之是提供了一個我們熟悉的、接近的例子，讓我們知道非線性進展是一般人很難理解的事。

不論人們在直覺上有多麼難以掌握「奇點」概念，但這個概念其實出現已有數十年。數學家馮諾曼與作家文奇，還包括昇陽電腦執行長喬伊，他們都是率先提倡奇點觀念的人。至於批判的聲音自然也不少，奇點觀念反對者的論點如下：

1. 科技進展的速度可能變慢，導致奇點到來的時間點大幅延遲。

2. 很多預測未來的說法都是錯的，所以這個說法應該也是錯的。
3. 電腦只是機器，機器不可能有智慧。

第一個論點其實只是在說奇點會較晚出現——而不是說它不會出現。第二個論點非常缺乏說服力，因為過去也有很多預測未來的說法被證明正確。這種邏輯就像在說：因為很多人不懂微積分，所以某個特定的人也不可能懂微積分。第三個論點本質上就是人類例外論，跟所謂「人類與（其他）動物不同」的論點是一致的。從過去到現在，生物學家大都逐漸放棄主張人類例外論，因為他們清楚發現其他動物也能用跟人類很類似的方法來思考與感受，兩者差異愈來愈像是程度問題。總之，結論就是許多反對奇點的論點都在邏輯上站不住腳。

牛津大學哲學家伯斯特隆姆稱這類先進人工智慧為「超級智慧」，並提出許多可能性加以討論。他表示，一個足夠先進的超級智慧能夠輕輕鬆鬆統治世界，但他也說這個超級智慧可能並不想這樣做。至於這樣一種超級智慧可能擁有什麼樣的人格，伯斯特隆姆並不去做預測。宇宙學家鐵馬克則說，這種等級的智慧會擁有他所謂的「人工通用智慧」，因為今天的人工智慧有很多受限之處，但未來的「強人工智慧」就不會有這些問題。[3]

電影裡的預言

文學和電影都傾向將奇點描寫成某種恐怖的、有威脅性的東西，比如庫柏力克電影《2001 太空漫遊》裡的電腦 HAL（分別為 I、B、M 的前一個字母）不僅具備機械智慧與思考智慧，它的情感智慧也強大到足以矇騙並操縱片中的太空人（然後殺掉其中大部分人）。HAL 最終是出於自利而行動，卻以傷害它原本應該服務的對象——也就是人類，來作為代價。

比較正面的例子可見於史匹柏的名片《A.I. 人工智慧》，這部片也有庫柏力克積極參與（直到他來不及見到作品完成就猝逝為止）。電影裡大多數主要角色都是機器人，擁有發展良好的情感智慧。電影的結尾是外星人工智慧統治世界，但它們對較老的機器人展現出驚人的關懷、用心與共情。電影《雲端情人》也將人工智慧呈現為善良的一方，片中的人工智慧「操作系統」（由史嘉蕾・喬漢森配音）面對擁有她的人類展現出極強的共情態度。至於經典科幻電影《銀翼殺手》同樣將人工智慧機器人安排為正派角色，並讓其中最先進的機器人表現出深厚情感智慧。

由這裡，我們看到各方對人工智慧的情感能力可謂眾說紛紜。最糟糕的例子是人工智慧用它的情感智慧來操縱人，以達到自己的目的。最好的例子是人工智慧用它的情感智慧來與人共情、給人幫助。我們下面會探討這兩種可能性。

收入與財富不均的情況會更惡化嗎？

一旦人工智慧擁有高級的情感智慧，人工智慧就會全面勝過人類智慧。這樣自然會導致人類勞力在就業市場上變得不吃香，因為人工智慧幾乎做任何事情都比人類智慧做得好；意思就是人類勞力已經失去價值，而人工智慧差不多將所有工作都接手執行。如果經濟裡的價值幾乎全部來自人工智慧，那就表示價值幾乎全部來自資本而非勞力。於是，就像我們在第十一章談到的，經濟將被相對少數的資本家所宰制，而這就會導致嚴重的收入與財富不均。倘若這種情況發生，我們尚不知道屆時大多數人要如何謀生。

人工智慧真的受我們控制嗎？

許多思想家都說，人工智慧必須由人類輸入程式，所以它不可能自主做出任何事。這樣的話，人工智慧永遠都會受人類控制。但事情真是這樣嗎？我們以今天最常見的人工智慧型態為例，也就是深度學習類神經網路；這類模型視為一種「黑盒子」，因為我們一般很難找出符合直覺的說法來解釋它們怎樣得出結果。當前一個重要的研究領域就是要讓深度學習變得「可解釋」，讓顧客（也就是我們）可以聽懂它的原理。人工智慧愈來愈複雜，同時也愈來愈難以理解，於是人類就感到人工智慧好像不再受人類控制；這個趨勢是很明顯的。

這問題到最後只會愈來愈嚴重，不會逐漸消失。當人工智慧變得夠聰明，它就能給自己編寫程式。目前已經有能夠自我編程的電腦，且此事將來會變得更常見。換句話說，人類對人工智慧的控制正在迅速衰減，而這就帶來了另一個問題：我們怎樣維持人工智慧去追求人類要的，而非它們自己要的目標？牛津哲學家伯斯特隆姆和麻省理工學院物理學家鐵馬克都警告我們人工智慧喪失控制的後果，說人工智慧可能演化成單一一個或多個智慧個體，而這兩種情況都會威脅人類對人工智慧的控制力，甚至威脅人類這個種族的生存。[4,5] 此外，正如作家凱利指出，強人工智慧也可能由人工智慧裝置彼此經由網路連結而生成。[6]

樂園情景

奇點所導致的最佳情況就是人工智慧接手全社會的工作，讓人類自由自在悠閒過活，可以追求藝術創作、玩電動、看 3D 電視或沉浸在虛擬實境中。到時候，我們實際上會有無限的時間可以用來社交（不論是在現實裡或在網路上）。現代沙烏地阿拉伯是把幾乎所有的現實工作交給外籍勞工，至於國民（至少是男性國民）則享受大筆財富與極高自由；樂園情景下的人類生活大概類似這樣。

然而，如果從「擁有主導能力一方」的角度來看，則我們很難相信這個可能性會成真。控制資本的相對少數者將控制大多數財富，如果要他們去跟其他未對社會貢獻價值者共享財富，這顯然不符合他們的個人利益。到時或許會有某幾個卓然出眾的藝術家能賺取大量金錢，但就連這個可能性都很小，因為人工智慧在三種智慧層級都已超越人類，能創作出比人類更佳的藝術作品。可能有人要說，這僅餘的少數資本家主導者或許願意無私分享財富給沒有賺錢能力的人；但我們在現實世界裡卻看不到多少證據證明這類行為存在。事實上，我們可說收入最不平均的國家（如印度）出現這類行為的情況遠少於收入較平均的國家（如丹麥）。

人類的增強與改造

庫茲維爾主張，既然人類無法在經濟上維持競爭力，那往前走唯一一條可取的路就是人類用人工智慧來增強或甚至徹底改造自己。[7] 人類自我增強已經存在很久，最早出現的就是肉體增強，比如有人會裝設義肢來取代被截肢的部位，聽覺有障礙的人會配戴助聽器，視覺有問題的人也會戴眼鏡。

下一步是思考增強。人工智慧要強化某個人思考智慧的方法有很多。從許多方面來看，人工智慧已經比人類更聰明，而這些能力就可以用來給人類能做的事情加分。比方說，一個人可以在身上加裝記憶卡或計算模組。至於把人腦連接電腦，目前已有多種研究途徑正在進行。科學家最近成功將某個人的大腦連接上網際網路，讓人類可以直接與這個巨大的訊息網相連。

我們最後的一步是要做到情感增強。黃明蕙曾開玩笑說，她有時希望拉斯特身上裝個「共情晶片」，這樣他在跟她互動時就能用上。反過來說，拉斯特也希望「共情晶片」能讓黃明蕙知道這種玩笑話聽起來可能不太公平且有點傷人。我們距離做出「共情晶片」還有好長一段距離，但人類未來會花愈來愈多心力來使用人工智慧改善人類。

另一種可能性是人類會將身體全然改造。如果人的整個大腦能被徹底測繪與理解（目前我們只能對極小型的動物做到這件事），那理論上一個人的所有知識與記憶就能上傳到電腦裡，或甚至放到機器人身體裡面。這種應用方式稱為「數位孿生」。[8] 只要電腦這種東西仍舊可用，一個人說不定就可以藉此持續不斷存活。

人類增強是現有的科技，且這類技術未來應該只會愈來愈廣泛、愈來愈複雜精密。到時人類可增強的不只是機械智慧，還包括思考智慧與情感智慧。

然而，我們有理由相信，人類增強與改造的發展會在奇點畫上句號。理由很邏輯，讓我們想像一個被增強的人類，姑且記為「人類智慧加上人工智慧」。這個被增強的人類，他的表現無疑會勝過未被增強的人類，因為人工智慧的部分能增加他的價值。現在讓我們從人工智慧的角度來看事情，「人類智慧加上人工智慧」應該會比單純的人工智慧要強，因為人類智慧這部分可以在人工智慧做不到的地方貢獻力量。結果，到了奇點，人工智慧各方面的能力都勝過人類智慧，也就是說人工智慧能製造出一個「更佳」的人類智慧版本（稱為「人類智慧增強版」），讓它來使用人工智慧。這樣的話，這個「人類智慧增強版加上人工智慧」就會超越「人類智慧加上人工智慧」。換句話說，人工智慧已經沒有理由要與人類合作了。只要人類尚能控制人工智慧，人類增強就還是可行；但依照物競天擇的原理，愈有效率的人工智慧愈可能存活，而不跟人類智慧合作的人工智慧才是比較有效率的人工智慧。

世界末日情景

伯斯特隆姆認為，一旦人工智慧「超級智慧」出現，則最有可能的結果就是世界末日。[9] 他表示，超級智慧人工智慧個體身上未必會有人類的慈悲等美德，而這就暗示到時候人類將要遭逢大難。比如說，讓我們假設人工智慧與人類的智慧差異粗略等於人類與蚊子的智慧差異，那既然人類完全不覺得打死蚊子算什麼大事，那人工智慧在消滅人類時也不會有任何顧慮吧？

演化的下一階段？

一個比較正面的、能夠合理化更高級人工智慧出現的看法，是把這件事當成人類演化的下一階段。就像人類是從「低等」的、智慧較低的猿類演化而來，更高級的人工智慧也會從我們演化而出。本章前面談過的電影《A.I. 人工智慧》就預示了這種可能性。電影到了最後，人類已經滅絕，地球完全由高智慧的人工智慧來統治。至於這到底是不是一個好結果，答案大概取決於我們覺得自己跟人工智慧有多親近，以及我們是否認為未來出現的超級智慧人工智慧比人類「更好」。反對這種想法的聲浪應當會頗為可觀，這表示人類對超級智慧人工智慧可能感到愈來愈難以接受。

結論

當人工智慧變得夠聰明，它就能在三種智慧層級（機械、思考與情感）都勝過人類智慧。這就是廣為人知的「奇點」情境。依照我們的看法，奇點還要再過數十年才會到來，但此事終究不可避免。有好幾部賣座佳片都對此做出自己的詮釋，讓我們能稍稍感覺到奇點會是什麼樣子。就像所有大規模科技革新一樣，奇點所造成的可能性也是差別很大，從烏托邦（人工智慧工作，人類玩樂）到大災難（人工智慧消滅人類）都有，而在這中間的可能性則是人類使用人工智慧自我增強，就像我們目前慣常會給某些人使用機械輔助物一樣。然而，最後我們要達成一個很不妙的結論，就是人工智慧如果出於自利立場則未必樂意協助人類。與奇點相比，當前從思考經濟到情感經濟的轉變過程可說是非常溫和平順了。

第十六章

結論

我們已經看到，人工智慧正帶領我們進入一個新時代，而這對人類怎樣工作、怎樣生活都會有極大影響。「情感經濟」逐漸興起，在這種經濟型態下，人工智慧接掌許多機械與思考工作，留下人類來注意經營情感這部分。十九世紀初，多少人的生活因工業革命與自動化而改變；如今這樣的變化又再度發生。上個世紀的變化是從實體的、機械性的工作轉為思考工作，但二十一世紀的變化則是從思考工作轉為情感工作。

人工智慧的發展順序是（a）機械、（b）思考、（c）情感。機械智慧最容易做到，且大致已經發展完成。思考智慧比較困難，目前這個領域的創新研發正蓬勃進展。至於情感智慧，這對人工智慧來說難度最高，還需要更久時間才能達到「做得不錯」的程度。不過，情感人工智慧也是當前各方積極研究的領域。

當人工智慧接手更多思考工作，人類就會更重視情感，這句話就是本書的主要論點。我們在理論與實證兩方面的研究都能初步支持這個論點。對人類勞工來說，情感工作重要性的增長速度高於思考工作；依照我們的估計，情感工作的重要性將在二〇三六年超越思考工作（從最近生成式人工智慧的進展看來，這個時間點或許還會變得更近）。我們在所有的經濟活動裡，甚至包括在機械性的工作崗位，都能看見情感工作重要性正在增加。

自從有了智慧型手機、網際網路以及各式各樣的網路裝置，人們無論是在家或在工作場合，都能在思考工作上獲得比以前更多的協助；這樣的話，人們就有更多心力可以專注於人際與情感工作。智慧型手機革命導致人們愈來愈愛使用字元表情符號與圖像表情符號，這絕非巧合，因為人們現在更積極尋求在情感上表達自我的方法。

職場上，工作崗位會變得更注重情感與人際關係。人類與人工智慧的典型合作模式是人工智慧「挑大樑」負責機械與思考工作，而人類（人類智慧）則較是在人際關係這方面做出貢獻。換句話說，人工智慧與人類智慧會以團隊合作方式執行工作。這類人工智慧／人類智慧合作的例子已經非常多，且還在迅速增加。

情感經濟有個意料之外的作用，就是它很可能造成社會中女性地位上升，因為女性在共情與情感智慧方面具有優勢。雖然單一性別內部其實有極大差異，足以掩蓋兩性之間較小的差異，但總之人口中**最頂尖**的那些人還是比較可能出自有優勢的群體。所以說，就像大多數西洋棋大師都是男性（因為男性平均空間能力稍優於女性），我們也可預測情感經濟之下會有許多或甚至大多數領導者是女性。為了維持競爭力，各國必須設法培育女性領袖人才，而原本由男性主宰的國家如沙烏地阿拉伯或伊朗則必須推行激進變革，以便充分利用女性創新的優勢。

就在當前，情感經濟已經開始滲入我們的政治活動與政治表達。川普在二〇一六年當選美國總統（又於二〇二四年二度當選），他之所以能夠獲勝，主因就是他成功挑動選民的情感焦慮。對比之下，冰冷理性的希拉蕊（或滿口高深知識的賀錦麗）在這日益情感化的環境裡就顯得格格不入。廣播、電視、網路上的政治節目也搭上這股變化中的時代風潮，比如已故情感政治廣播節目之父林堡的節目內容就大多是用來激怒聽眾，而非以任何有系統的方式提供訊息。同樣的，福斯新聞台現在有卡爾森與英格拉漢姆的新聞評論節目，而這些節目與其說是播報新聞，不如說是替右翼助威。至於網路社交媒體的情感內容更是顯而易見，因為上面整天有人在抒發極端情緒。

當社會出現這麼重大的變化，教育系統也得跟著改變才不會落伍，特別是目前教育內容注重思考技能如理工科學門的部分必須加以檢討。雖然我們還是需要相當程度的思考技能來當一個活躍的、積極參與的企業公民，但未來更受重視的將會是情感技能與處理人際關係的能力。這樣的話，我們會需要一套不同的教育，內容應當包含團隊合作、書面與口頭溝通，以及與同事和顧客互動所需的情感智慧技能。由於思考經濟裡的許多成功者未來將被取代，這時候進修教育就必不可少，以便確保這些勞動力能成為情感經濟下具有生產力的勞工。

人工智慧不只影響勞工，也會影響消費者。一般而言，現在人們差不多每天都會透過智慧型手機、導航設備以及智慧喇叭來使用人工智慧。此事導致人們的思考技能萎縮，但情感技能卻因人際連結增強而得到強化。由於消費者變得更具情感傾向、更情緒化，服務消費者的行銷人員就必須更重視他們與顧客關係裡的情感利益與人際利益。

想當年，管理者需要學習怎樣協調一個包含機械性勞工（如工廠工人）與思考性勞工（如工程師）的團隊；今天的管理者則需要學習怎樣協調一個包含人工智慧（主要負責思考工作）與人類智慧（主要負責人際與情感方面）的團隊。依據背景脈絡不同，人工智慧與人類智慧也應該用不同方式來適當進行合作。

情感經濟會導致幾個重大的新問題。比如說，當更高比例的工作變成由人工智慧來執行，則更多收益就會流入人工智慧擁有者（資本家）的口袋，勞工分到的就變少了。這無可避免會造成收入與財富不均。既然收入與財富不均會導致社會動盪不安，那麼每個社會就要設法緩衝不平等的負面影響，此事至關重要；比如說推行單一支付者醫療衛生系統（例如台灣的全民健保），或是由政府給予高等與中等教育高額補助，這些都能發揮各自的作用。此外，「全民基本所得」的概念目前也在接受初步測試；這種做法是讓所有人，不論有工作與否，都能獲得最低薪資。

表面上看起來，以藝術創作或商業創意為業的人不會受到人工智慧威脅。然而事情並非如此，事實上人工智慧在藝術方面已有長足進展，一般都是與人類藝術家合作。舉例而言，現今大部分電子音樂都是編程與合成的成果，其中由人類輸入的部分已經遠少於以前。所以說，就連走創意這條路的人都必須學習與人工智慧合作，也必須強化自身的情感與人際技能。以歌手為例，他們所表達的情感就必須更甚以往。

近年來生成式人工智慧的進步，顯示我們通往情感經濟的步調或許正在加速。這是因為生成式人工智慧出現了未被程式設計師直接賦予的能力（例如編寫程式的能力），且用以訓練的資料庫愈龐大則收效愈佳。此外，最近中國在這方面取得的進展也呈現聰明編程可能導致極大節約，使人工智慧能更廣泛使用。

到最後，人類或許在情感技能這方面都無法持續占有優勢。針對人工智慧情感的研究目前正穩定進展，假以時日就能讓人工智慧理解情感、表達情感的能力通過圖靈測試。到那時，經濟就會離開情感經濟的時代，進入人工智慧全方位勝過人類智慧的「奇點」情境。至於「奇點」會發生什麼事，思想家的意見不一。可能的情況包括「悠閒生活」情景，就是人工智慧承擔起所有工作；包括「生化人」情景，即人類使用人工智慧來自我增強；還包括世界末日情景，到時候人工智慧會認定人類已經沒有存在價值，人工智慧本身成為人類演化的下一階段。

不管未來最終如何，我們眼前可以確定的是情感經濟已在興起。人工智慧正接手愈來愈多機械與思考工作，讓人類專注於情感工作，而這會改變我們工作的內容、我們工作之餘的生活方式，以及「我們是什麼」的答案。不論是公司、消費者或是政府，都得面對挑戰，在這場大規模的失位中掌穩舵航行。我們所有人都必須做好準備，迎接情感經濟的到來。

注釋

第一章

1. Huang, Ming-Hui, Roland T. Rust, and Vojislav Maksimovic (2019), "The Feeling Economy: Managing in the Next Generation of AI," *California Management Review*, 64 (4), 43–65.
2. Rust, Roland T., and Ming-Hui Huang (2014), "The Service Revolution and the Transformation of Marketing Science," *Marketing Science*, 33 (2), 206–221.
3. Association for Manufacturing Technology, https://www.amtonline.org/aboutamt/WhatisManufacturingTechnology/.
4. James, Harold (2018), "The Stupid Economy," Project Syndicate, January 22, https://www.project-syndicate.org/commentary/stupid-economy-declininghuman-intelligence-by-harold-james-2018-01.
5. Smiley, Lauren (2019), "Eyes in the Sky aid Farmers on the Ground," *The New York Times*, Artificial Intelligence issue. September 18.

第二章

1. Goleman, Daniel (1996), *Emotional Intelligence: Why It Can Matter More than IQ*, Bloomsbury Publishing.
2. Autor, David H., and David Dorn (2013), "The Growth of Low-Skill Service Jobs and the Polarization of the US Labor Market," *American Economic Review*, 103 (5), 1553–1597.
3. Rust, Roland T., and Ming-Hui Huang (2014), "The Service

Revolution and the Transformation of Marketing Science," *Marketing Science*, 33 (2), 206–221.

4. 「再技能化」指的是重新學習一套新的技能，但並不包含將技能提升到較高層次。比方說，一個人從製造業非技能工人變成服務業非技能工人，這就是「再技能化」。
5. James, Harold (2018), "The Stupid Economy," Project Syndicate, January 22, https://www.project-syndicate.org/commentary/stupid-economy-declininghuman-intelligence-by-harold-james-2018-01.
6. Reynolds, Gretchen (2017), "The Battle of Brains vs. Brawn," *The New York Times*, October 25, https://www.nytimes.com/2017/10/25/well/move/the-battle-of-brains-vs-brawn.html.
7. Huang, Ming-Hui, and Roland T. Rust (2018), "Artificial Intelligence in Service," *Journal of Service Research*, 21 (2), 155–172.
8. Malone, Thomas W. (2018), "How Human-Computer 'Superminds' Are Redefining the Future of Work," *MIT Sloan Management Review*, 59 (40), 34–41.
9. Davenport, Thomas H., and Julia Kirby (2015), "Beyond Automation," *Harvard Business Review*, June, 59–65.
10. Davis, Ernest, and Gary Marcus (2015), "Commonsense Reasoning and Commonsense Knowledge in Artificial Intelligence," *Communications of the ACM*, 58 (9), 93–103.

第三章

1. Neuroscience (2019), *Nature*, https://www.nature.com/subjects/neuroscience.
2. Morgan, C. Lloyd (1903), *An Introduction to Comparative Psychology*, 2nd ed. London: Walter Scott.
3. Pavlov, Ivan (1960), *Conditional Reflexes*, New York: Dover Publications.

4. Skinner, B. F. (1938), *The Behavior of Organisms: An Experimental Analysis*, Oxford: Appleton-Century.

5. Schoenick, Carissa, Peter Clark, Oyvind Tafjord, Peter Turney, and Oren Etzioni (2017), "Moving Beyond the Turing Test with the Allen AI Science," *Communications of the ACM*, 60 (9), 60–64.

6. Darwiche, Andan (2018), "Human-Level Intelligence or Animal-Like Abilities?" *Communications of the ACM*, 61 (10), 56–67.

7. Huang, Ming-Hui, and Eric T. G. Wang (2013), "Marketing Is from Mars, IT Is from Venus: Aligning the Worldviews for Firm Performance," *Decision Sciences*, 44 (1), 87–125.

8. McGregor, Jena (2020), "The Shock of Unemployment May Push Men into Jobs Traditionally Held by Women, Study Shows," *The Washington Post*, January 15, https://www.washingtonpost.com/business/2020/01/15/shock-unemployment-may-push-men-into-jobs-traditionally-held-by-women-study-shows/.

9. Long, Heather (2019), "Administrative Assistant Jobs Helped Propel Many Women into the Middle Class. Now They're Disappearing," *The Washington Post*, December 5, https://www.washingtonpost.com/business/economy/administrative-assistant-jobs-helped-propel-many-women-into-the-middle-class-nowtheyre-disappearing.

10. Cortes, Guido Matias, Nir Jaimovich, and Henry E. Siu (2018), "The 'End of Men' and Rise of Women in the High-Skilled Labor Market," NBER Working Paper 24274.

11. Buolamwini, Joy, and Timnit Gebru (2018), "Gender Shades: Intersectional Accuracy Disparities in Commercial Gender Classification," Proceedings of the 1st Conference on Fairness, Accountability and Transparency, *Proceedings of Machine Learning Research (PMLR)*, 81, 77–91.

12. Huang, Ming-Hui, Roland T. Rust, and Vojislav Maksimovic (2019),

"The Feeling Economy: Managing in the Next Generation of AI," *California Management Review*, 64 (4), 43–65.

13. Youngdahl, William E., and B. Tom Hunsaker (2018), "SingularityNET: Blockhain-Driven AI Marketplace and Quest for AGI," Thunderbird School of Global Management Case.

第四章

1. Bignell, Paul (2012), "Happy 30th Birthday, Emoticon!:-)" *Independent (*September 9), accessed August 14, 2019.
2. Fahlman, Scott (2019), "Who Was the First Person to Get a PhD Degree Specifically in 'Artificial Intelligence,' *Quora* (March 5, 2019), accessed August 14, 2019.
3. *Wikipedia* (2019), "List of Emoticons," accessed August 14, 2019.
4. "Happy Green Positive Face Emoticon Vector Illustration," publicdomainvectors.org, accessed August 14, 2019.
5. Oxford Dictionaries (2015), "English Word of the Year," Oxford University Press.
6. Goleman, Daniel (1995), *Emotional Intelligence*, New York: Bantam Books.
7. Kornhaber, Spencer (2018), "The Sound of Rage and Sadness," *The Atlantic*, 322 (1), 30–32.
8. Li, Xueni (Shirley), Kimmy Wa Chan and Sara Kim (2019), "Service with Emoticons: How Customers Interpret Employee Use of Emoticons in Online Service Encounters," *Journal of Consumer Research*, 45 (5), 973–987.

第五章

1. Steimer, Sarah (2019), "But How Does That Make You Feel ?" *Marketing News*, September, 44–51.

2. *Quarantine Together* (2020), accessed at https://www.quarantinetogether.com/on April 7, 2020.
3. CNBC (2018), "The 27 Fastest-Growing Jobs That Pay More Than $100,000 Per Year," https://www.msn.com/en-us/money/careersandeducation/the-27-fastest-growing-jobs-that-pay-more-than-dollar100000-a-year/ar-BBRdER5, accessed August 21, 2019.
4. Huang, Ming-Hui, Roland T. Rust, and Vojislav Maksimovic (2019), "The Feeling Economy: Managing in the Next Generation of Artificial Intelligence," *California Management Review*, 61 (4), 43–65.
5. Rust, Roland T., and Ming-Hui Huang (2014), "The Service Revolution and the Transformation of Marketing Science," *Marketing Science*, 33 (2), 206–221.
6. McGregor, Jena (2020), "Shock of Job Loss May Push Men into Work Traditionally Held by Women," *Washington Post*, January 21, A11.

第六章

1. *Infoplease* (2019), "Women's Suffrage: When and Where Did Women Earn the Right to Vote?" www.infoplease.com/history/womens-history/womens-suffrage, accessed October 30, 2019.
2. Cox, Jeff (2019), "Stephen Moore Says the Decline in 'Male Earnings' Is a Big Issue for the Economy," www.cnbc.com, accessed October 30, 2019.
3. AAUW (2020), "The Simple Truth about the Gender Pay Gap," https://www.aauw.org/research/the-simple-truth-about-the-gender-pay-gap/, accessed January 21, 2020.
4. *Time* (2020), The Science of Gender, Single Issue Magazine, January 31, 2020.
5. Becker, Gary S. (1957), *The Economics of Discrimination*, Chicago: University of Chicago Press.

6. Phelps, Edmund S. (1972), "The Statistical Theory of Racism and Sexism," *American Economic Review*, 62 (4), 659–661.
7. Ukanwa, Kalinda, and Roland T. Rust (2020), "Discrimination in Service," Working Paper, University of Maryland.
8. Telford, Taylor (2019), "Apple Card Scrutinized for Alleged Gender Disparities," *Washington Post*, November 12, A22.
9. Xin, Jiang, Yaoxue Zhang, Yan Tang, and Yuan Yang (2019), "Brain Differences between Men and Women: Evidence from Deep Learning," *Frontiers in Neuroscience*, March 8, accessed at https://www.frontiersin.org/articles/10.3389/fnins.2019.00185/full on April 7, 2020.
10. Perez, Caroline Criado (2020), "Closing the Gender Data Gap," *Time*, February 3, 80–81.
11. Greenberg, David M., Varun Warrier, Carrie Allison, and Simon Baron-Cohen (2018), "Testing the Empathizing-Systemizing Theory of Sex Differences and the Extreme Male Brain Theory of Autism in Half a Million People," *PNAS*, 115 (48), 12152–12157.
12. U.S. News (2020), "Best Countries for Women," accessed at https://www.usnews.com/news/best-countries/best-women on January 21, 2020.
13. O'Grady, Siobhan, and Jennifer Hassan (2020), "Female World Leaders Hailed as Voices of Reason amid Coronavirus Chaos," *Washington Post*, April 21, A13.
14. Association of American Medical Colleges (2019), "The Majority of U.S. Medical Students Are Women, New Data Show," accessed at https://www.aamc.org/news-insights/press-releases/majority-us-medical-students-are-women-newdata-show on April 7, 2020.

第七章

1. Watson, Amy (2019), "US Print Media Industry: Statistics & Facts," *Statista*, accessed at https://www.statista.com/topics/1052/print-media/ on January 22, 2020.
2. McLuhan, Marshall (1964), *Understanding Media: The Extensions of Man*, New York: McGraw-Hill.
3. Rosenwald, Brian (2019), *Talk Radio's America: How an Industry Took Over a Political Party that Took Over the United States*, Cambridge, MA: Harvard University Press.
4. Kozinets, Robert (2017), "How Social Media Fires Peoples' Passions—And Builds Extremist Divisions," *The Conversation*, November 13, accessed at http://theconversation.com/how-social-media-fires-peoples-passions-and-builds-extremist-divisions-86909 on January 22, 2020.
5. Hewett, Kelly,William Rand, Roland T. Rust and Harald J. van Heerde (2016),"Brand Buzz in the Echoverse," *Journal of Marketing*, 80 (3), 1–24.
6. Abrams, Abigail (2019), "Here's What We Know So Far about Russia's 2016 Meddling," *Time*, accessed at https://time.com/5565991/russia-influence-2016-election/on January 22, 2020.
7. Marcin, Tim (2018), "Russian 2016 Election Influence Tried to Suppress Votes of Bernie Sanders Supporters, African-Americans, Report Finds," *Newsweek*, December 17, accessed at https://www.newsweek.com/russia 2016 election bernie sanders trump 1261425 on January 22, 2020.
8. Manteuffel, Rachel (2020), "The Heart of Bernie Sanders," *Washington Post* Magazine, March 29, 22–31.
9. Blake, Aaron (2020), "Trump's Biggest Deficit against Biden: Empathy," *Washington Post*, accessed at https://www.washingtonpost.

com/politics/2020/05/22/trumps-biggest-deficit-against-biden-empathy/on May 29, 2020.

10. Gerson, Michael (2020), "An Empathy Shortage," *Washington Post*, April 3, A23.
11. Schwartz, Oscar (2018), "You Thought Fake News Was Bad? Deep Fakes Are Where Truth Goes to Die," *The Guardian*, November 12, accessed at https://www.theguardian.com/technology/2018/nov/12/deep-fakes-fake-news-truth on January 22, 2020.

第八章

1. Goleman, Daniel (1995), *Emotional Intelligence: Why It Can Matter More than IQ*, New York: Bantam Books.
2. *Education Week*, accessed on April 9, 2020 at https://www.edweek.org/media/34gradrate-c1.pdf.
3. *Education Week*, op. cit.
4. *Statista* (2020), "Percentage of the U.S. Population Who Have Completed Four Years of College or More from 1940 to 2019, by Gender," accessed at https://www.statista.com/statistics/184272/educational-attainment-of-collegediploma-or-higher-by-gender/on April 9, 2020.
5. Smithsonian Science Education Center (2020), "The STEM Imperative," accessed at https://ssec.si.edu/stem-imperative on January 30, 2020.
6. Cato Institute (2018), "15-Year Wait for Indian Immigrants with Advanced Degrees," accessed at https://www.cato.org/blog/150-year-wait-indian-immigrants-advanced-degrees on April 9, 2020.
7. Baker, Mitchell (2019), "How STEM Education Must Evolve," *Scientific American*, accessed at https://blogs.scientificamerican.com/observations/how-stemeducation-must-evolve/on January 30, 2020.

8. Marr, Bernard (2020), "We Need STEAM, Not STEM Education, To Prepare Our Kids for the 4th Industrial Revolution," Forbes, accessed at https://www.forbes.com/sites/bernardmarr/2020/01/15/we-need-steam-not-stem-education-toprepare-our-kids-for-the-4th-industrial-revolution/#5d72f6b355fb on January 30, 2020.
9. Strauss, Valerie (2017), "The Surprising Thing Google Learned About Its Employees—And What It Means for Todays' Students," *Washington Post*, accessed at https://www.washingtonpost.com/news/answer-sheet/wp/2017/12/20/the-surprising-thing-google-learned-about-its-employees-and-what-it-meansfor-todays-students/on January 30, 2020.

第九章

1. *Statista* (2020), "Number of Smartphone Users Worldwide from 2016 to 2021," accessed at https://www.statista.com/statistics/330695/number-of-smartphone-users-worldwide/on February 6, 2020.
2. Heisler, Steve (2019), "No Frills: Consumers Just Want the Basics from Voice Assistants," *Marketing News*, November/December, 32–39.
3. Prigg, Mark (2018), "The $1300 Holographic AI Wife That Will 'Serve Her Master' (If You Keep Paying Her $14 a Month 'Living Expenses')," *Daily Mail.com*, accessed at https://www.dailymail.co.uk/sciencetech/article-6072229/1300-holographic-AI-wife-chat-paying-14-month-living-expenses.html on February 6, 2020.
4. Keach, Sean (2019), "Creepy ￡7000 'Harmony' Sex-Bot with a Saucy Scottish Accent Goes on Sale—As Fear over Rise of Robot Lovers Grows," *The Sun*, accessed at https://www.thesun.co.uk/tech/8555630/harmony-sex-robot-realbotix-price/on February 6, 2020.
5. Purtill, Corinne (2019), "Stop Me If You've Heard This One: A Robot

and a Team of Irish Scientists Walk into a Senior Living Home," *Time*, accessed at https://time.com/longform/senior-care-robot/on February 6, 2020.

6. Liao, Shannon (2019), "Japan's Robot Hotel Lays Off Half the Robots after They Created More Work for Humans," *The Verge*, accessed at https://www.theverge.com/2019/1/15/18184198/japans-robot-hotel-lay-off-work-for-humans on February 6, 2020.

第十章

1. Frey, Carl Benedikt, and Michael A. Osborne (2017), "The Future of Employment: How Susceptible Are Jobs to Computerisation?" *Technological Forecasting and Social Change*, 114 (January), 254–280.
2. Autor, David H., and David Dorn (2013), "The Growth of Low-Skill Service Jobs and the Polarization of the US Labor Market," *American Economic Review*, 103 (5), 1553–1597.
3. Davis, Ernest, and Gary Marcus (2015), "Commonsense Reasoning and Commonsense Knowledge in Artificial Intelligence," *Communications of the ACM*, 58 (9), 93–103.
4. Thaler, R. H. (1985), "Mental Accounting and Consumer Choice," *Marketing Science*, 4 (3), 199–214.
5. Petty, R. E., and Cacioppo, J. T. (1986), *Communication and Persuasion: Central and Peripheral Routes to Attitude Change*, New York: Springer-Verlag.
6. Schoenick, Carissa, Peter Clark, Oyvind Tafjord, Peter Turney, and Oren Etzioni (2017), "Moving Beyond the Turing Test with the Allen AI Science," *Communications of the ACM*, 60 (9), 60–64.
7. Emotional Intelligence (2019), *Psychology Today* (September 14), https://www.psychologytoday.com/intl/basics/emotional-intelligence.

8. Panksepp, Jaak (2005), *Affective Neuroscience: The Foundations of Human and Animal Emotions*, Oxford: Oxford University Press.
9. McDuff, Daniel, and Mary Czerwinski (2018), "Designing Emotionally Sentient Agents," *Communications of the ACM*, 61 (12), 74–83.
10. Huang, Ming-Hui, and Roland T. Rust (2017), "Technology-Driven Service Strategy," *Journal of the Academy of Marketing Science*, 45 (6), 906–924.
11. Huang, Ming-Hui, and Roland T. Rust (2020), "Engaged to a Robot? The Role of AI in Service," *Journal of Service Research*, Online First.
12. Chung, Tuck Siong, Michel Wedel, and Roland T. Rust (2016), "Adaptive Personalization Using Social Networks," *Journal of the Academy of Marketing Science*, 44 (1), 66–87.
13. Topol, Eric (2020), "The A.I. Diet," *The New York Times*, Artificial Intelligence Issue, 46–49.
14. Rouse, William B., and James C. Spohrer (2020), "Automating Versus Augmenting Intelligence," *Journal of Enterprise Transformation*, 8(1–2), 1–21.
15. Knight, Will (2017), "Forget Killer Robots-Bias Is the Real AI Danger," *MIT Technology Review* (October 3), https://www.technologyreview.com/s/608986/forget-killer-robotsbias-is-the-real-ai-danger/.
16. Chinoy, Sahil (2019), "The Racist History Behind Facial Recognition," *The New York Times*, Artificial Intelligence Issue, 34–37.

第十一章

1. Harwell, Drew (2020), "U.S. Radio's Top Player Blames AI for Layoffs—DJs Say That's Spin," *Washington Post*, February 9, G1.
2. Schwab, Klaus (2016), *The Fourth Industrial Revolution*, New York:

Crown Business.

3. Freeman, Richard B. (2018), "Ownership When AI Robots Do More of the Work and Earn More of the Income," *Journal of Participation and Employee Ownership*, 1 (1), 74–95.
4. Boghosian, Bruce M. (2019), "The Inescapable Casino," *Scientific American*, November, 70–77.
5. Reid, Corinne (2020), "Artificial Intelligence Will Do What We Ask—That's a Problem," *Quanta Magazine*, accessed at https://www.quantamagazine.org/artificial-intelligence-will-do-what-we-ask-thats-a-problem-20200130/on April 21, 2020.
6. Ukanwa, Kalinda, and Roland T. Rust (2020), "Algorithmic Discrimination in Service," University of Maryland working paper.
7. Jackson, Joshua Conrad, Noah Castelo, and Kurt Gray (2020), "Could a Rising Robot Workforce Make Humans Less Prejudiced," *American Psychologist*, accessed at https://psycnet.apa.org/record/2020-00794-001 on April 21, 2020.
8. Rust, Roland T., P.K. Kannan, and Na Peng (2002), "The Customer Economics of Internet Privacy," *Journal of the Academy of Marketing Science*, 30 (4), 455–464.
9. Schneider, Matthew J., Sharan Jagpal, Sachin Gupta, and Yan Yu (2017) "Protecting Customer Privacy when Marketing with Second-Party Data," *International Journal of Research in Marketing*, 34 (3), 593–603.
10. Sharkey, Noel (2020), "Autonomous Warfare," *Scientific American*, February, 52–57.
11. Kissinger, Henry A., Eric Schmidt, and Daniel Huttenlocher (2019), "The Metamorphosis," *The Atlantic*, August, 24–26.

第十二章

1. Barrat, Robbie (2018), "A.I. Painted This" (cover illustration), *Bloomberg Business Week*, May 21.
2. Huang, Ming-Hui, and Roland T. Rust (2018), "Artificial Intelligence in Service," *Journal of Service Research*, 21 (2), 155–172.
3. Lewis, Ted G., and Peter J. Denning (2018), "Learning Machine Learning," *Communications of the ACM*, 61 (12), 24–27.
4. Duffy, Clare (2020), "IBM Wants to Make Computers Fluent in Human," *CNN Business*, March 11, https://edition.cnn.com/2020/03/11/tech/ibm-artificial-intelligence-language/index.html.
5. Thompson, Clive (2019), "We Will Bot You," *Mother Jones*, March/April, 52 55, 69.
6. Boden, Margaret A. (1998), "Creativity and Artificial Intelligence," *Artificial Intelligence*, 103, 347–356.
7. Smith, Harrison (2020), "Kraftwerk Co-Founder Helped Steer Electronic Music into Pop Mainstream," *The Washington Post*, May 8, B6.
8. López de Mántaras, Ramon (2016), "Artificial Intelligence and the Arts: Toward Computational Creativity," in *The Next Step. Exponential Life*. Madrid: BBVA.
9. Pogue, David (2018), "The Robotic Artist Problem," *Scientific American*, February, 23.
10. Roush, Wade (2019), "And the Laptop Played On," *Scientific American*, March, 22.
11. Herremans, Dorien, and Elaine Chew (2018), "O.R. and Music Generation," *ORMS Today*, February, 28–32.
12. Cockburn, Iain M., Rebecca Henderson, and Scott Stern (2018), "The Impact of Artificial Intelligence on Innovation," NBER working paper no. 24449.

13. Boden, op. cit.

第十三章

1. McDuff, Daniel, and Mary Czerwinski (2018), "Designing Emotionally Sentient Agents," *Communications of the ACM*, 61 (12), 74–83.
2. Benitez-Quiroz, Srinivasan, and Martinez (2018), "Facial Color in an Efficient Mechanism to Visually Transmit Emotion," *PNAS* Proceedings, also covered in Robin Andrews' Report for IFL Science, March 20, 2018, "AI Beats Humans at Emotional Recognition Test in Landmark Study." https://www.iflscience.com/technology/ai-beats-humans-emotional-recognition-test-landmark-study/all/.
3. Darlington, Keith (2018), "AI Systems Dealing with Human Emotions," *Open-Mind*, August 13, 2018, https://www.bbvaopenmind.com/en/technology/artificial-intelligence/ai-systems-dealing-with-human-emotions/.
4. Luo, X., S. Tong, Z. Fang, and Z. Qu (2019), "Frontiers: Machines Versus Humans: The Impact of AI Chatbot Disclosure on Customer Purchases," *Marketing Science*, 38 (6), 937–947.
5. Cremin, Geraldine (2016), "Robots Are Learning to Fake Empathy," *Vice.com*, April 6, https://www.vice.com/en_us/article/4xaxqp/robots-are-learning-to-fake-empathy.
6. Russell, James (1980), "A Circumplex Model of Affect," *Journal of Personality and Social Psychology*, 39 (6), 1161–1178.
7. Lazarus, Richard S. (1991), "Progress on a Cognitive-Motivational-Relational Theory of Emotion," *American Psychologist*, 46 (8), 819–834.
8. Huang, Ming-Hui (1998), "Exploring a New Typology of Emotional Global Appeals: Basic, Versus Social, Emotional Advertising in a

Global Setting," *International Journal of Advertising*, 17 (2), 145–168.
9. Lathan, Corinna, and Geoffrey Ling (2019), "Social Robots: Droid Friends and Assistants Are Penetrating Deeper into Our Lives," *Scientific American*, December, 30.
10. Kim, Seo Young, Bernd H. Schmitt, and Nadia M. Thalmann (2019), "Eliza in the Uncanny Valley: Anthropomorphizing Consumer Robots Increases Their Perceived Warmth But Decreases Liking," *Marketing Letters*, 30 (1), 1–12.
11. Mende, Martin, Maura L. Scott, Jenny van Doorn, Dhruv Grewal, Ilana Shanks (2019), "Service Robots Rising: How Humanoid Robots Influence Service Experiences and Elicit Compensatory Consumer Responses," *Journal of Marketing* Research, 56 (4), 535–556.
12. Purtill, Corinne (2019), "The Robot Will Help You Now," *Time*, November 4, 52–57.
13. Cortes, Guido Matias, Nir Jaimovich, and Henry E. Siu (2018), "The 'End of Men' and Rise of Women in the High-Skilled Labor Market," NBER Working Paper 24274.

第十四章

1. Frey, Carl Benedikt, and Michael A. Osborne (2017), "The Future of Employment: How Susceptible Are Jobs to Computerization?" *Technological Forecasting and Social Change*, 114 (January), 254-280.
2. Rai, Pawan, "IBM To Announce Layoffs in Marketing and Communications Divisions: Reports," accessed on February 28, 2025 at https://www.msn.com/en-in/money/news/ibm-to-announce-layoffs-in-marketing-and-communications-divisions-reports/ar-BB1jS4J6?ocid=finance-verthp-feeds&apiversion=v2&noservercache=1&domshim=1&renderwebcomponents=1&wcseo=1&batchservertel

emetry=1&noservertelemetry=1

3. Vaswani, Ashish, Noam Shazeer, Niki Parmar, Jakob Uszkoreit, Llion Jones, Aidan N. Gomez, Lukasz Kaiser, and Illia Polosukhin (2017), "Attention Is All You Need," *Advances in Neural Information Processing Systems*, 30, Curran Associates, Inc.
4. Oremus, Will (2023), "Meet the Hackers Who Are Trying To Make AI Go Rogue," *Washington Post*, August 9, A15.
5. Vigliarolo, Brandon (2024), "Google Gemini Tells Grad Student to 'Please Die' While Helping with His Homework," *The Register*, November, accessed February 28, 2025.
6. Rissman, Kelly (2024), "Teenager Took His Own Life after Falling in Love with AI Chatbot. Now His Devastated Mom Is Suing the Creators," *The Independent*, October 24.
7. Milmo, Dan, Amy Hawkins, Robert Booth and Julia Kollewe (2025), "'Sputnik Moment': $1tn Wiped off US Stocks after Chinese Firm Unveils AI Chatbot," *The Guardian*, January 27.
8. Huang, Ming-Hui and Roland T. Rust (2024), "The Caring Machine: Feeling AI for Customer Care," *Journal of Marketing*, 88 (5), 1-23.

第十五章

1. Kurzweil, Ray (2005), *The Singularity is Near*. New York: Viking Books.
2. Brynjolfsson, Erik, and Andrew McAfee (2014), *The Second Machine Age: Work, Progress, and Prosperity in a Time of Brilliant Technologies*. New York: W. W. Norton.
3. Tegmark, Max (2017), *Life 3.0: Being Human in the Age of Artificial Intelligence*. New York: Knopf.
4. Bostrom, Nick (2014), *Superintelligence: Paths, Dangers, Strategies*. Oxford: Oxford University Press.

5. Tegmark, op. cit.
6. Kelly, Kevin (2016), *The Inevitable: Understanding the 12 Technological Forces That Will Shape Our Future*. New York: Penguin Group.
7. Kurzweil, op. cit.
8. Saddik, A. El (2018), "Digital Twins: The Convergence of Multimedia Technologies," *IEEE MultiMedia*, 25 (2), 87–92.
9. Bostrom, op. cit.

索引

人物

1-5 畫

丹寧　Peter J. Denning　201
巴布狄倫　Bob Dylan　205-206
巴甫洛夫　Ivan Pavlov　71
巴拉特　Robbie Barrat　199
文奇　Vernor Vinge　245
王存國　Eric Wang　81
卡切波　John Cacioppo　159
卡瓦諾　Brett Kavanaugh　131
卡斯帕洛夫　Garry Kasparov　47-48, 103
卡琳達・烏干瓦　Kalinda Ukanwa　7
卡寧　Ethan Canin　146
卡爾森　Tucker Carlson　129, 257
史金納　B. F. Skinner　71
史蒂夫・沃茲尼克　Steve Wozniak　191
布林優夫森　Erik Brynjolfsson　245
布塔朱吉　Pete Buttigieg　134
布蘭維尼　Joy Buolamwini　84
弗里曼　Richard Freeman　188
皮凱提　Thomas Piketty　187

6-10 畫

伊諾　Brian Eno　104
吉姆・史波爾　Jim Sphorer　7
多恩　David Dorn　56, 58, 60-61, 158
安迪・帕克　Andy Parker　179
托普爾　Eric Topol　164
托爾・安德烈森　Tor Andreassen　8
米歇爾・韋德　Michel Wedel　7
米爾札哈尼　Maryam Mirzakhani　122
艾西莫夫　Issac Asimov　192
艾莉森・帕克　Alison Parker　179
艾爾斯　Rogers Ailes　128
伯斯特隆姆　Nick Bostrom　246, 249, 252
克里希納　Arvind Krishna　233
李雪妮　Li Xueni　105
罕醉克斯　Jimi Hendrix　206
肖克利　William Shockley　121
貝克　Mitchell Baker　142
佩蒂　Richard E. Petty　159
奇諾伊　Sahil Chinoy　180
拉皮諾　Megan Rapinoe　122
拉瑪　Hedy Lamarr　213
拉薩魯斯　Richard S. Lazarus　224
杭特　Hunter Biden　134
林堡　Rush Limbaugh　128-129, 257
法爾曼　Scott Fahlman　100
金莎拉　Sara Kim　105

阿爾登　Jacinda Arden　125
哈里斯　Calvin Harris　105
哈騰洛赫　Daniel Huttenlocher　193
威廉絲　Christine Williams　114
施瓦布　Klaus Schwab　187
施密特　Eric Schmidt　193
查爾斯・柯比　Charles Colby　8
柯本　Kurt Cobain　104
柯碧　Julia Kirby　63
英格拉漢姆　Laura Ingraham　129, 257
庫柏力克　Stanley Kubrick　247
庫茲維爾　Ray Kurzwell　96, 244, 250
格布魯　Timnit Gebru　84
桑德斯　Bernie Sanders　131-132, 133
班寧頓　Chester Bennington　104
紐頓雷斯　Ed Newton-Rex　203
茱恩卡特　June Carter Cash　205
馬克斯・馬克西莫維奇　Max Maksimovic　7
馬庫斯・巴倫傑　Marcus Ballenger　8
馬龍　Thomas Malone　63
高曼　Daniel Goleman　49, 102
高登　Ellie Goulding　105

11-15 畫

寇提斯　Guido Matias Cortes　83, 229
康奈爾　Chris Cornell　104
強尼凱許　Johnny Cash　205

梅伊　Brian May　213
陳華　Chen Wa　105
麥可・海恩萊　Michael Haenlein　7
麥克・布拉迪　Mike Brady　7
麥克唐納　Kevin McDonald　207
麥克費　Andrew McAfee　245
麥克道夫　Daniel McDuff　160
麥克魯漢　Marshall McLuhan　127
麥格雷戈　Jena McGregor　82-83
凱利　Kevin Kelly　249
博登　Margaret Boden　205, 211-212
喬伊　Bill Joy　245
普拉納夫・迪歐　Pranav Deo　8
湯姆・布朗　Tom Brown　7
華倫　Elizabeth Warren　132, 134
費雪　Bobby Fischer　103
馮諾曼　John von Neumann　245
塔希洛・馮波冷哈爾巴　Tassilo von Bohlen und Halbach　8
奧托　David H. Autor　56, 58, 60-61, 158
葛森　Michael Gerson　131
葛雷姆　Lindsay Graham　131
詹米森・謝佛　Jamison Sheffer　8
詹姆斯　Harold James　38
賈南德烈　John Giannandrea　180
賈莫維奇　Nir Jaimovich　83, 229
路易斯　Ted G. Lewis　201
道菲　Clarc Duffy　202

達爾維奇　Adnan Darwiche　75
圖靈　Alan Turing　23, 74, 212, 220, 227, 230, 243, 259
漢尼提　Sean Hannity　129
福特　Christine Blasey Ford　37, 44, 131
維森鮑姆　Joseph Weizenbaum　152
維瑟斯　Sid Vicious　104
摩爾　Stephen Moore　118-119, 245

16-20 畫

澤文斯基　Mary Czerwinski　160
蕭　Henry E. Siu　83, 229
戴文波特　Thomas Davenport　63
羅素　James Russell　224
羅學明　Luo Xueming　220
蘭德　Ayn Rand　192
鐵馬克　Max Tegmark　246, 249

組織團體

組織前線研究論壇　Organizational Frontlines Research Symposium (OFR)　7
人工智慧、機械學習與商業分析研討會　Conference on AI, Machine Learning & Business Analytics　8
人工智慧與服務機器人互動研討會　Artificial Intelligence and Robots in Service Interactions　8
人工智慧賦能卓越中心　AI-enabled Centers of Excellence　186
加圖研究所　Cato Institute　141
卡內基梅隆大學　Carnegie Mellon　100

巨人食品店　Giant Food Store　52
布里斯瑪　Burisma　134
平克佛洛伊德　Pink Floyd　104
字母控股　Alphabet　193
艾倫人工智慧研究所　Allen Institute for AI　74
行銷理論與實務研討會　Theory and Practice in Marketing Conference　8
來福車　Lyft　108
性手槍　Sex Pistols　104
披頭四合唱團　the Beatles　206
服務業新疆域研討會　Frontiers in Service Conference　8, 89
門戶合唱團　the Doors　104
美國行銷學會冬季年會　Winter American Marketing Association Conference　8
美國退休人員協會　AARP　153
美國移民及海關執法局　US Immigration and Customs Enforcement　180
美國勞工部　Labor Department　82
美國勞動統計局　U. S. Bureau of Labor Statistics　34, 86-87, 112, 125
美國經濟研究局　National Bureau of Economic Research　83
美國醫學院協會　Association of American Medical Colleges　125
國際商業機器公司　International Business Machines Corp.　76
軟銀　Softbank　52-53, 227
超音波樂團　Ultravox　104
超脫樂團　Nirvana　104
萬豪企業　Marriott Corporation　232

雷蒙斯　Ramones　104
電力站樂團　Kraftwerk　104, 206
頑童合唱團　the Monkees　104
漢森機器人公司　Hansen Robotics　195, 228
賓州大學華頓商學院　Wharton　125
橘夢樂團　Tangerine Dream　104
優步　Uber　108, 194
戴爾科技公司　Dell　222
聯合公園　Linkin Park　104
聯準會　Federal Reserve　20, 118
羅德島設計學院　Rhodes Island School of Design　142

作品與文獻

〈成為機器人的熟客……〉　Engaged to a Robot　162-163
〈服務用人工智慧〉　Artificial Intelligence in Service　9, 11, 31-32, 33, 200
〈笨蛋經濟〉　The Stupid Economy　38
《2001 太空漫遊》　*2001: A Space Odyssey*　247
《A.I. 人工智慧》　*AI Artificial Intelligence*　153
《EQ》　*Emotional Intelligence: Why It Can Matter More Than IQ*　49, 102
《二十一世紀資本論》　*Capital in the Twenty-First Century*　187
《行銷科學學會期刊》　*Journal of the Academy of Marketing Science*　161
《我愛露西》　*I Love Lucy*　45
《空前絕後滿天飛》　*Airplane!*　152
《美國國家科學院院刊》　*Proceedings of the National Academy of*

Sciences 121
《財星》 *Fortune* 118
《第四次工業革命》 *The Fourth Industrial Revolution* 187
《彭博商業週刊》 *Bloomberg Businessweek* 199, 206
《雲端情人》 *Her* 164, 195, 228, 247
《銀翼殺手》 *Blade Runner* 195, 247
《賽道狂人》 *Ford v. Ferrari* 37
《懷疑者年鑑》 *A Doubter's Almanac* 146

名詞

1-5 畫

人工智慧創造力 artificial creativity 14, 199-200, 201, 203-204, 205, 207-208, 209, 211-212, 213
人工智慧實體 AI entity 194-195, 196
人機互動 human-computer interaction (HCI) 215
人臉追蹤 face tracking 216
人臉辨識 facial recognition 180
人類例外論 human exceptionalism 246
大型語言模型 LLM 237-238
大數據 big data 33, 57, 66-67, 74, 76, 160, 163-164, 192, 228
小數據 small data 163-164, 165
中央路徑 central route 22
互惠關係 reciprocal relationship 174
五星運動 Five Star Movement 20
內在歸因 internal attribution 223
公民參與 civic engagement 197
分析模型 analytical modelling 62

反應工程　response engineering　239
文本情感分析　sentiment analysis　210, 216-217, 219
文字探勘　text mining　215
主要證人　primary witness　131
主題模型　topic model　210
去中心化　decentralized　202
去技能化　de-skilling　40, 43-44, 48, 94-95
古典制約學習　classical conditioning learning　71
可判讀性　interpretability　225
可解釋人工智慧　explainable AI　201, 208-209
外在歸因　external attribution　223
失向　disorientation　245
失位　dislocation　25, 45, 49, 58, 111, 137, 141, 185, 188, 245, 260
平權修正案　Equal Rights Amendment　117, 119
生化人　cyborg　24, 259
生成式人工智慧　generative AI　12-13, 15, 25, 231-232, 233-234, 235-236, 237-238, 239-240, 241-242, 256, 259
生成模型　generative model　225
生物資料　biometric data　167
生產科技　Manufacturing technology　28, 30, 37, 44, 94
目標功能　objective function　161

6-10 畫

交換取向　exchange-oriented　105
交談人工智慧　conversational AI　215, 219-220
企業資源規劃　Enterprise Resource Planning　28
企管碩士　MBA　144

全民基本所得　universal basic income　22, 188, 258
全球定位導航系統　GPS navigation system　150
共情系統化理論　Empathizing-Systemizing Theory　123
再技能化　re-skill　42, 49, 56, 58, 78-80, 83, 90, 95, 137, 158, 166, 177-178, 186, 196
合成音樂　synthesized music　104
合作智慧　collaborative intelligence　157, 166, 169
回饋迴路　feedback loop　154
多模態　multimodal　222-223
字元表情符號　emoticon　99-100, 101-102, 106, 256
成本領導　cost leadership　162
有限理性　bounded rationality　159, 200
自動化　automation　28, 42-43, 44, 47, 50-51, 55-56, 58-59, 61, 63, 68, 82, 92, 110, 117, 119, 140, 158, 161-162, 176, 187, 193, 197, 233, 235, 240, 255
自然語言處理　natural language processing (NLP)　92, 202, 211, 216-217, 219
伺服器場　server farm　237
位元組　bytes　33, 202
作業研究　operations research　207
序列器　sequencer　23
技能提升　up-skill　49, 56, 61, 78, 80, 82-83, 95, 166, 177-178
決策支援系統　decision support system　64
決策科學　Decision Science　81
決策捷徑　decision shortcuts　159
車內追蹤器　in-car tracking device　80
車用感測器　in-car sensor　167, 217, 223

具身智慧體　embodied agent　160
具身機器人　embodied robot　51-52, 53-54
協同作業機器人　collaborative robot　161, 166
協同機器人　cobot　161
卷積類神經網路　convolutional neural network (CNN)　216, 219
周邊路徑　peripheral route　22
奇點　singularity　24-25, 62, 96, 243-247, 249, 251, 253, 259
服務供應　service provision　55, 158
歧視偏好　taste for discrimination　120
油漬搖滾　grunge music　104
物聯網　internet of things　51
直播串流　live streaming　127
知識調處系統　knowledge management system　202
社會安全系統　Social Security system　188
虎媽式教育　tiger parenting　62
迎賓機器人　greeting robot　28
前端服務互動　front-end service interaction　28
前線服務　frontline service　222
客戶分段　customer segmentation　204
後勤功能　back-office functions　28
思考智慧　thinking intellegence　5, 20, 30-31, 34-35, 36, 49, 61, 64-65, 68-69, 72-73, 74, 76, 79, 82, 91, 97, 103, 108-109, 119, 151, 155, 196-197, 200-201, 202, 208, 241, 244, 247, 250-251, 255
思考經濟　Thinking Economy　7, 14, 18, 20-22, 24, 27, 29-30, 41, 45, 47-51, 53, 55-68, 72-73, 79, 81-82, 84, 86, 89, 94-95, 97, 111-115, 117-118, 120, 122-124, 126, 137-139, 141, 145-146, 157-158, 163, 176, 186-187, 189, 196, 199-200, 240, 253, 257

研究領域　research stream　64, 122, 196, 248
英國脫歐　Brexit　20, 135
弱人工智慧　weak AI　75-76
恐怖谷效應　uncanny valley　53, 226-227
時間轉移　time-shifted　106
狹義人工智慧　narrow AI　76, 160, 167, 200, 202, 230
訓練集　training set　234
迴聲室效應　echo chamber effect　129
迴歸分析　regression analysis　201
配送機器人　delivery bot　54
馬可夫鏈　Markov chains　201

11-15 畫

健康照護　health care　82, 86-87, 88, 113, 125
啟發式　heuristic　201
專家系統　expert system　75, 202
專業學位　professional degree　35
常識推理　commonsense reasoning　65
強人工智慧　strong AI　75-76, 202, 246, 249
情感智慧　feeling intellegence　5, 12, 21, 31, 34-35, 36, 70, 79, 91, 95, 97, 99, 102-103, 106, 108-111, 115, 119, 125, 137, 143-144, 146, 154, 158-159, 160, 166-167, 175-178, 186, 200, 208, 211-212, 215, 241, 243-244, 247-248, 251, 255-257
情感維度模型　dimensional models of emotion　224
情感調色盤　emotional palette　218
情感適切性　emotional appropriateness　221
情感辨識　emotion recognition　216-217, 218, 229, 238

情境共創　contextual coproduction　158
情緒狀態　affective state　215, 217
情緒搖滾　emo music　104
探索式創造力　exploratory creativity　205-206
推理模型　reasoning model　240
推敲可能性模型　Elaboration Likelihood Model　159
推薦引擎　recommendation engine　238
教育法修正案第九條　Title IX　117, 119
深度偽造　deep fake　235, 241
深度學習　deep learning　32, 111, 121, 190, 194, 200, 203, 207, 216, 226, 233-234, 248
深藍　Deep Blue　47-48, 76, 103
球路追蹤　pitch tracking　109
理性推論　reasoning　10, 75, 201-202, 212-213, 225, 241
產品責任　product liability　194
眼動追蹤　eye tracking　215
組合式創造力　combinational creativity　205-206, 213
組織環境　organizational environment　145
聊天機器人　chatbot　19, 23, 28, 52, 54-55, 71, 90-91, 107, 165, 168, 219-220, 221, 235-236
通用人工智慧　general AI　76, 202, 208, 230
速食服務」策略　McService strategy　161
連續順序情感資料　sequential emotional data　219
傑瑞德　Jared　155-156
創意人工智慧　creative AI　22
創新機器　Machines for Innovation　209
勞動參與　labor participation　38, 40

單一支付者醫療衛生系統 single-payer healthcare system 258
報酬工程 reward engineering 239
媒體載具 media vehicle 127
循環定義 circular definition 207
提示工程 prompt engineering 239
無人駕駛汽車 self-driving car 194
硬性新聞 hard news 129
策略行銷 strategic marketing 204, 207
菲爾茲獎 Fields Medal 122
虛擬機器人 virtual bot 162
評估理論 appraisal theory 224
軼事類型證據 anecdotal support 218
集體取向 communal-oriented 105
雲端運算 cloud computing 57
感測器 sensor 53, 161, 164, 167, 215, 217, 222-223
新冠抗疫重點工作者 essential worker 125
新創公司 start-ups 151, 203
概念空間 conceptual space 205-206, 208
經濟安排 economic arrangement 41, 96
經濟輸出 economic output 161
群聚智慧 swarm intelligence 51
群體盲目 group blind 191
資料分析 data analytics 68, 76
資料科學 Data Science 21, 111, 114
資料探勘 data mining 215
資訊充分的投票機能 informed voting 197
資訊系統 information system 63, 112

電傳設備　telematic device　80
預安裝　preinstall　161
預測性分析　predictive analytics　167, 211
圖形識別　pattern recognition　168
圖像表情符號　emoji　9, 19, 99-100, 101-102, 106, 256
圖靈測試　Turing test　23, 74, 212, 220, 227, 230, 243, 259
實徵證據　empirical evidence　7, 29, 34, 36, 86, 224
實體經濟　Physical Economy　14, 18, 20, 24, 27-33, 35-41, 43-45, 48, 57, 59-61, 66, 86, 92, 94-95, 111, 117-119-120, 121, 124, 126, 130, 137-138, 146, 161, 176, 186, 189, 199
對話式人工智慧　conversational AI　77
對話機器人　conversational bot　71
對應　mapping　10, 47, 74-75, 76-77, 94, 121, 200-201, 203, 208-209, 212-213, 225
認知型工作崗位　cognitive jobs　229
認知科技　cognitive technology　30, 203
認知評估　cognitive appraisal　223-224
認知資料　cognitive data　32-33, 222
認知標記　cognitive labeling　224
認知職業　cognitive occupation　83
語音轉錄文字技術　speech to text technology　217, 228
遞迴類神經網路　recurrent neural network (RNN)　216, 219
領域知識　domain knowledge　201, 225
價值主張　value proposition　204
增強學習　reinforcement learning　48, 84
影像識別　image recognition　168
摩爾定律　Moore’s Law　245

數位助理　digital assistant　127, 150
數位孿生　digital twin　251
樂齡設施　senior citizens facility　153
潛在顧客終身價值　potential customer lifetime value　161
編程女孩　Girls Who Code　85
適應性個人化　adaptative personalization　176
養成多元技能　cross-skill　78, 81, 83, 90, 95, 166, 177-178

16-20 畫

操作制約學習　operant conditioning learning　71
機械學習　mechanical learning　8, 32-33, 34, 51, 55-56, 64-67, 71, 73-77, 84, 160, 164, 180, 200, 203, 206, 210, 215, 221-222, 225, 233
機器人三法則　three laws of robotics　192
穆格合成器　Moog Synthesizer　104
輸入對　input pair　200
辦事員　clerk　82
選民壓制　voter suppression　130
頭腦聰明人　Brain Person　9, 39, 59-60, 94
優先課題　priorities　210
擬人機器人　anthropomorphic robot　52, 195, 227-228
縱向資料　longitude　164
趨近行為　approach behavior　71
避免行為　avoidance behavior　71
擴增實境　augmented reality (AR)　151, 167, 179, 220
轉換式創造力　transformational creativity　205-206
轉換器　transformer　234, 237, 241
離岸外包　off-shoring　82

關係化　relationalization　7, 91-92, 95, 165-166, 174-175, 176
類神經網路　neural network　32, 74, 92, 111, 121, 160, 190, 194, 200, 203, 216, 219, 225-226, 230, 233-234, 248
龐克革命　punk revolution　104
辯手計畫　Project Debater　202

The Feeling Economy: How Artificial Intelligence Is Creating the Era of Empathy
First published in English under the title
The Feeling Economy: How Artificial Intelligence Is Creating the Era of Empathy
by Roland T. Rust and Ming-Hui Huang

情感經濟：當思考交給 AI，情感就留給人類吧！

作　　者　羅蘭・T・拉斯特、黃明蕙
譯　　者　張毅瑄
選 書 人　張瑞芳
責任編輯　王正緯
校　　對　童霈文
版面構成　張靜怡
封面設計　開新檔案設計委託所
版權專員　陳柏全
數位發展副總編輯　李季鴻
行銷總監兼副總編輯　張瑞芳
總 編 輯　謝宜英
出 版 者　貓頭鷹出版 OWL PUBLISHING HOUSE

事業群總經理　謝至平
發 行 人　何飛鵬
發　　行　英屬蓋曼群島商家庭傳媒股份有限公司城邦分公司
115 台北市南港區昆陽街 16 號 8 樓
劃撥帳號：19863813；戶名：書虫股份有限公司
城邦讀書花園：www.cite.com.tw ／購書服務信箱：service@readingclub.com.tw
購書服務專線：02-2500-7718~9 ／ 24 小時傳真專線：02-2500-1990~1
香港發行所　城邦（香港）出版集團有限公司／電話：852-2508-6231 ／ hkcite@biznetvigator.com
馬新發行所　城邦（馬新）出版集團／電話：603-9056-3833 ／傳真：603-9057-6622
印 製 廠　中原造像股份有限公司
初　　版　2025 年 8 月
定　　價　新台幣 480 元／港幣 160 元（紙本書）
新台幣 336 元（電子書）
總 字 數　12 萬字
I S B N　978-986-262-776-1（紙本平裝）／ 978-986-262-775-4（電子書 EPUB）

讀者意見信箱　owl@cph.com.tw
投稿信箱　owl.book@gmail.com
貓頭鷹臉書　facebook.com/owlpublishing

【大量採購，請洽專線】(02) 2500-1919

城邦讀書花園
www.cite.com.tw

國家圖書館出版品預行編目資料

情感經濟：當思考交給 AI，情感就留給人類吧！／羅蘭・T・拉斯特（Roland T. Rust）、黃明蕙著；張毅瑄譯 . -- 初版 . -- 臺北市：貓頭鷹出版：英屬蓋曼群島商家庭傳媒股份有限公司城邦分公司發行 , 2025.08
面；　公分 .
譯自：The feeling economy : how artificial intelligence is creating the era of empathy.
ISBN 978-986-262-776-1（平裝）

1. CST：經濟社會學　2. CST：情感　3. CST：人工智慧

550.1654　　114007904

本書採用品質穩定的紙張與無毒環保油墨印刷，以利讀者閱讀與典藏。